U0085802

世紀人物100

婉約詞人

李清照

夏婉雲　著

三民書局

獻給孩子們的禮物

主編的話

世界上最幸福的孩子，是他們一出生就有機會接近故事書，想想看，那些書中的人物，不論古今中外都來到了眼前，與他們相識，不僅分享了各個人物生活中的點滴，孩子們的想像力也隨著書中的故事情節飛翔。

不論世界如何演變，科技如何發達，孩子一世幸福的起源，仍然來自於父母的影響，如果每一個孩子都能從小在父母親的懷抱中，傾聽故事，共享閱讀之樂，長大後養成了閱讀習慣，這將是一生中享用不盡的財富。

三民書局的劉振強董事長，想必也是一位深信讀書是人生最大財富的人，在讀書人口往下滑落的多元化時代，他仍然堅信讀書的重要，近年來，更不計成本，連續出版了特別為孩子們策劃的兒童文學叢書，從「文學家」、「藝術家」、「音樂家」、「影響世界的人」系列到「童話小天地」、「第一次」系列，至今已出版了近百本，這僅是由筆者主編出版的部分叢書而已，若包括其他兒童詩集及套書，三民書局已出版不下千百種的兒童讀物。

劉董事長也時常感念著，在他困苦貧窮的青少年時期，是書使他堅強向上，在社會普遍困苦，而生活簡陋的年代，也是書成了他最好的良伴，他希望在他的有生之年，分享這份資產，讓下一代可以充分使用，讓親子共讀的親情，源遠流長。

「世紀人物100」系列早就在他的關切中構思著，希望能出版孩子們喜歡而且一生難忘的好書。近年來筆者放下一切寫作，接下

這份主編重任，並結合海內外有心兒童文學的作者共同為下一代效力，正是感動於劉董事長致力文化大業的真誠之心，更欣喜許多志同道合的朋友，能與我一起為孩子們寫書。

「世紀人物100」系列規劃出版一百位人物故事，中外各占五十人，包括了在歷史上有關文學、藝術、人文、政治與科學等各行各業有貢獻的人物故事，邀請國內外兒童文學領域專業的學者、作家同心協力編寫，費時多年，分梯次出版。在越來越多元化的世界中，每個人都有各自的才華與潛力，每個朝代也都有其可歌可泣的故事，但是在故事背後所具有的一個共同點，就是每個傳主在困苦中不屈不撓，令人難忘的經歷，這些經歷經由各作者用心博覽有關資料，再三推敲求證，再以文學之筆，寫出了有趣而感人的故事。

西諺有云：「世界因有各式各樣不同的人群，才更加多采多姿。」這套書就是以「人」的故事為主旨，不刻意美化傳主，以每一位傳主的生活經歷為主軸，深入描寫他們成長的環境、家庭教育與童年生活，深入探索是什麼因素造成了他們與眾不同？是什麼力量驅動了他們鍥而不捨的毅力？以日常生活中的小故事，來描繪出這些人物，為什麼能使夢想成真。為了引起小讀者的興趣，特別著重在各傳主的童年生活描述，希望能引起共鳴。尤其在閱讀這些作品時，能於心領神會中得到靈感。

和一般從外文翻譯出來的偉人傳記所不同的是，此套書的特色是，由熟悉兒童文學又關心教育的作者用心收集資料，用有趣的故事，融入知識，並以文學之筆，深入淺出寫出適合小朋友與大朋友閱讀的人物傳記。在探討每位人物的內在心理因素之餘，也希望讀

者從閱讀中，能激勵出個人內在的潛力和夢想。我相信每個孩子在年少時都會發呆做夢，在他們發呆和做夢的同時，書是他們最私密的好友，在閱讀中，沒有批判和譏諷，卻可隨書中的主人翁，海闊天空一起遨遊，或狂想或計畫，而成為心靈知交，不僅留下年少時，從閱讀中得到的神交良伴（一個回憶），如果能兩代共讀，讀後一起討論，綿綿相傳，留下共同回憶，何嘗不是一幅幸福的親子圖？

2006 年，我們升格成為祖字輩，有一位朋友提了滿滿兩袋的童書相送，一袋給新科父母，一袋給我們。老友是美國國家科學院院士，曾擔任過全美閱讀評估諮議委員，也是一位慈愛的好爺爺，深信閱讀對人生的重要。他很感性的說：「不要以為娃娃聽不懂故事，我的孫兒們一出生就聽我們唸故事書，長大後不僅愛讀書而且想像力豐富，尤其是文字表達能力特別強。」我完全同意，並欣然接受那兩袋最珍貴的禮物。

因為我們同樣都是愛讀書、也深得讀書之樂的人。

謹以此套「世紀人物 100」叢書送給所有愛讀書的孩子和家庭，以及我們的孫兒——石開文，他們都是世界上最幸福的孩子，因為從小有書為伴，與愛同行。

給大朋友的話——李清照雕像下的沉思

站在她的雕像前，我雙手合十、靜默沉思，畢恭畢敬的肅立三分鐘，以表敬意，這裡是山東濟南章丘市的百脈泉公園。她的雕像已是老婦人的形象，左手舉至胸前，露出寬袖，神情憂悽、緊蹙眉頭，融「憂、愁」的神情於一體，好像載滿了家國的無限苦難，她遺世而獨立的佇立著，真令人動容。

凝視她清雅的面龐，不禁思考著：九百二十年都過去了，積弱頹廢的南宋也消失在煙波浩渺的長河裡，只有一代詞宗和那些佳構永遠不朽。雕像後面的牆上，刻寫著她著名的〈聲聲慢〉：「尋尋覓覓，冷冷清清，悽悽慘慘戚戚，乍暖還寒時候，最難將息……」，七十歲的老婦歷經了怎樣的憂患與傷心？而她的生命又是怎樣的憔悴、寂寞，才堆積出這愁苦的詞來？

走在詞人所走過的路上，濟南、青州、章丘、金華四處都有她的足跡。到金華雙溪，想到她的「只恐雙溪舴艋舟，載不動許多愁」；到濟南想到她的「此情無計可消除，才下眉頭卻上心頭」……

她的詩詞通過歷史長河，從古到今洒得我滿身都是詞的芬芳。我相信憑弔者都和她的詞撞個滿懷，她不朽的美詞真如朵朵蓮花，長久以來一直開在人們的心中。

濟南多泉水，想漱玉泉定然滋養了詞人的胸襟，百脈泉定然豐富了詞人的靈氣。

坐在百脈泉旁，對著蓮花池畔的溪亭，看柳樹成蔭，蓮花初綻；風過處，紅花丰姿款擺，我彷彿看見李清照從田田蓮葉中盈盈升起，那麼纖瘦、那麼婉約、那麼玉潔冰清，難怪她又被尊為「藕神」。

公園裡，廣播節目適時播出〈如夢令〉的曲調，一陣女聲響起，如清麗的詞人在我耳邊低唱：

常記溪亭日暮　沉醉不知歸路
興盡晚回舟　誤入藕花深處
爭渡　爭渡　驚起一灘鷗鷺

柳樹下、池旁邊，許多人都沉醉在她的作品裡。

在那個只有男性吟風弄月的舞臺，唯有天時地利人和，才能孕育出一代才女；也唯有遭逢坎坷漂泊的女子，才能寫下曠古佳構。

給小朋友的話——李清照的介紹

李清照是南北宋之交著名的女詞人，她出生在一個愛好文學、藝術的家庭，幼時即飽讀經綸，會彈琴、吹簫，又能寫字、畫畫，是個才貌雙全的少女。十八歲與趙明誠結婚後便一同研究金石、書畫，兩人情投意合，過著幸福美滿的生活。靖康之變後，他們避亂江南，喪失了珍藏的大部分文物。後來趙明誠突然病逝，李清照獨自在杭州、越州、金華一帶流浪，度過淒苦孤寂的晚年。

李清照的詞，主要運用樸實的手法，描寫人物細膩的情感變化，其主題的選擇大致以宋室南渡為界，可分為前後兩期。前期的詞主

要描寫傷春、怨別、閨閣生活等，表現了女詞人多情善感的個性。後期則由於生活顛沛流離，因此作品大多反映戰亂，以及自己懷舊思鄉的愁緒，風格轉為沉鬱悽愴。

　　除了詞之外，她的詩也寫得很好。「生當作人傑，死亦為鬼雄」是她晚年的詩句，這是她在文學上另一種氣質光彩的顯現，更是對國破家亡所發出的悲憤之鳴。我們可以說，李清照除了是婉約詞人的代表，也是一個愛國心強烈、不向命運低頭的奇女子！

寫書的人

夏婉雲

　　這不是筆名，是真名喔！在那個「秀美、珍珠」盛行的年代，她父親能取如此詩情畫意的名字，真是難能可貴。或許他希望女兒婉轉如夏天西邊的一抹雲。

　　浪漫的她讀了師大國文系，又在山水浪漫的臺東讀了兒童文學研究所，從古典詩走到現代詩、童詩。更浪漫的是她用穿梭古今的方式，寫出了《婉約詞人：李清照》。

　　她寫過兒歌、童詩、童話、故事、散文等，得過金鼎獎、洪建全童詩獎、兒歌獎，以及臺北、花蓮文學獎。她在路邊看到有人採野菜、挖洞埋管，都會停下車向人問東問西，問到忘了小女兒要餵奶、大女兒要學畫了。

婉約詞人 李清照 目次

李清照

1084～約1156

1 濟南的趵突泉公園

暑假時，十一歲的李明跟著媽媽、伯母和十七歲的堂姐李靜到山東旅遊。李明從小就是堂姐的小跟班，在李靜面前跟前跟後的。

飛機降落在山東的濟南機場，一行團員走向機場大廳，李明指著宣傳壁上的大幅照片向他堂姐說：「妳看！是湧泉耶，好美！」

他又指著牆上，回過頭喊李靜：「堂姐，快來！是李清照！妳喜歡的李清照！」

李靜看著畫像說：「她怎麼這麼瘦呢！」

沒有時間讓李靜細看，導遊催促大家上車，前往旅館養足精神，以應付接下來滿滿的行程。

第二天，車子開到趵突泉公

園門口，大家下車，跟隨著導遊的引導瀏覽風景。

團員楊媽媽首先說：「這細細的流水、低垂的柳樹，好像我江南老家的風光，不像北方。」

導遊拿著擴音器，邊走邊解釋：「沒錯，這是因為濟南市有地下流，會湧出泉水來。濟南有很多泉水，著名的有七十二座，泉水湧出匯流成渠，加上岸邊家家都栽種了柳樹，便造就了這般美景，所以劉鶚＊讚美濟南是『家家泉水，戶戶垂楊』。」

李靜讚嘆說：「難怪濟南被譽為『泉城』。」趵突泉公園裡，一座又一座的清泉，不斷湧出白花

放大鏡

＊劉鶚　字鐵雲，筆名洪都百鍊生，清朝人，精通數學、醫藥、水利，因為主張利用外資修鐵路、開礦產，被保守人士視為漢奸。後來被誣陷私售糧倉的米粟，發配新疆，最後客死異鄉。劉鶚是晚清一個具有民胞物與胸襟的愛國志士，他的志向是救國，並不想當個文學家，可是沒想到卻是《老殘遊記》一書，使他留名於世。「家家泉水，戶戶垂楊」名句，就是出自《老殘遊記》。

花的飛泉，讓人看得眼花撩亂。

　　跟著導遊的腳步來到了「柳絮泉」，她說:「這是柳絮泉，取名緣於泉水不斷的像柳絮一般紛飛。公園裡有一座李清照紀念堂，就設在柳絮泉、漱玉泉附近。」

　　再往前走，就是漱玉泉了。導遊指著泉水說:「漱玉泉相傳是李清照梳妝打扮的地方。她的作品集就是以這個泉來命名，題為《漱玉詞》，可見得她對家鄉的思念。」

2 李清照紀念堂

　　導遊繼續帶著大家來到李清照紀念堂。進門到了正廳，就看到李清照的塑像。

　　導遊說:「我們當地老百姓特別鍾愛李清照，暱稱她為『姑奶奶』。這廳內陳列著她的著作版本以及後人的詩詞、題字等。你們可以隨意參觀，等會兒，我們到東側曲廊看看姑奶奶的一些詩詞作品。」

　　來到東側曲廊，牆上鑲嵌著三十多方當代著名書法家題寫的李清照詩詞碑刻。李靜站在〈聲聲慢〉碑刻前，輕輕的念著:「尋尋覓覓，冷冷清清，悽悽慘慘戚戚……」直到聽到導遊的催促，李靜才回過神來，跟上大家的腳步。

　　出了李清照紀念堂，李明問

導遊說：「李清照去過許多地方，別處有沒有李清照的紀念館？」

導遊說：「除了濟南，在青州、章丘、金華三處都有她的紀念館。」

這時，一位不太愛講話的王伯伯突然問道：「導遊小姐！妳說青州也有李清照紀念館，是不是因為她住過青州？那章丘和金華跟她也有淵源嗎？」

導遊回答：「李清照是章丘人，1108年與丈夫趙明誠移居青州，度過了十多年的恩愛生活，所以在這兩處都設有她的紀念館。至於金華設紀念館呢，是因為她與趙明誠為躲避戰亂而遷居江南，後來趙明誠病死，她在金華一帶孤苦的度過晚年。」

楊媽媽滿臉疑惑的問：「導遊小姐，妳說李清照是章丘人，為什麼不說她是濟南人？章丘不是在濟南市嗎？」

　　導遊笑著說:「沒錯，她是章丘人，但是也可以說是濟南人！因為 1949 年以後，行政區域重劃，將章丘編入濟南市轄內了。好啦！接下來該好好祭祭五臟廟囉！」

3 大明湖畔

下午用過餐後，一行人前去遊大明湖。

大明湖水波無際，遠處千佛山層層山峰倒映水中，風景極為秀麗。湖邊柳樹成蔭，湖中蓮花有的含苞待放，有些則已盛開。風過處，朵朵白蓮風姿款擺、朵朵紅蓮嬌豔欲滴。

導遊說：「你們知道嗎？藕花和李清照也有關喔。李清照又被尊為『藕神』，在山東、江浙一帶，為了紀念李清照，有些藕花湖邊還設有小小的『藕神祠』。」

李明滿頭霧水的問：「為什麼李清照又被稱為藕神？」

導遊回答：「古時候，大明湖這兒種滿了蓮藕，純樸的湖民希望蓮藕豐收，就建祠祭祀藕神，因此有了藕神祠。本來沒有特定

的祭祀對象，但是在清同治年間，濟南的一些文人在藕神祠聚會，覺得這裡的風光明媚、煙波蕩漾，好像有才女穿過美麗的蓮花，從氤氳的水氣中緩緩而來。所以他們就決定以宋代的詞人李清照來代表藕神，並且刻碑立石，說明原委，這樣一來，李清照就變成藕神了。各地為了紀念她，也紛紛蓋起藕神祠。」

李靜聽完導遊的解說後，默默點了點頭，對著蓮花發呆，李明拍了她一下，問：「姐，妳看什麼？」

「我可以想像姑奶奶從美麗的蓮花中慢慢升起來，那麼婉約、那麼玉潔冰清的模樣。」

突然有個小朋友叫道：「白鷺鷥！湖裡有白鷺鷥耶。」

李明順著小朋友的目光望過去，興奮的喊著：「小水鴨！還有野鴨呢！」

「不是啦！小弟！濟南這裡沒有候鳥小水鴨，那是鷗鳥，沙鷗啦！」李靜白了李明一眼。

「妳怎麼知道？」

「讀書讀來的呀！」

「讀什麼書？」

「當然是姑奶奶的詞啊！」

李靜和李明的媽媽聽到他們倆的對話，都湊了過來，聽李靜念著李清照的詞〈怨王孫〉：

湖上風來波浩渺，
秋已暮，紅稀香少。
水光山色與人親，
說不盡，無窮好。

蓮子已成荷葉老，
青露洗，蘋花汀草。
眠沙鷗鷺不回頭，
似也恨，人歸早。

「這首詞的意思是：風吹湖

面，漾起水波，一層層溫得好遠，現在是晚秋的時候，一片蕭條，紅花少、香氣也少。我感覺山水對我很親近，風景真是好。因為是晚秋，所以蓮花都已結成蓮子，荷葉已經枯黃，只有岸邊的蘋花汀草還翠綠。而在沙洲上的沙鷗、鷺鷥似乎生氣了，頭也不回的飛回巢。」

　　李明的媽媽聽完點點頭，說：「李清照自己不想離開湖邊，卻說鷗鷺也許生氣了，好像在嫌人們回去得太早了。」

　　李靜的媽媽接著說：「是啊！這樣美麗的風光，真讓人不想離開。」

　　導遊不知道什麼時候也來到他們身邊，突然插嘴：「時間不早了，不想離開也得走了！」一行人才三三兩兩的，伴著和風夕陽，依依不捨的離開大明湖。

4 天真活潑的李清照

　　幾天的旅遊行程就在歡樂中結束了。回到臺灣後，李明每次經過湖邊，看到迎風搖曳的蓮花，總會回想起那時候在大明湖畔的情景，對詞人李清照也十分好奇。李靜特地到圖書館借了一些和李清照有關的書，與李明分享她喜歡的李清照的故事。

　　李明拿起其中的一本書，「姐，這本書的封面好特別，和別本都不一樣耶！畫面裡的這個倚窗而坐的女孩子，雖然看不到她的臉，不過，我猜她應該就是李清照吧！」

　　李靜說：「嗯，我想這封面所要呈現的應該是李清照〈聲聲慢〉＊裡的意境吧！」

　　「就是『尋尋覓覓，冷冷清清……』那一首吧！」李明說完，

不等李靜回答就翻開書專注的讀了起來。

※　　　　　　　※　　　　　　　※

　　李清照生長在書香世家，父親李格非是北宋著名文人，家裡藏書很豐富，是一位很風雅的官員。母親姓王，系出名門，是當時丞相王珪的長女，但她在李清照很小的時候就過世了，這對清照幼小的心靈也造成一定程度的影響。李清照父親續絃的對象是

放大鏡

＊李清照的〈聲聲慢〉內容為：尋尋覓覓，冷冷清清，淒淒慘慘戚戚。乍暖還寒時候，最難將息。三杯兩盞淡酒，怎敵他、晚來風急。雁過也，最傷心，卻是舊時相識。　滿地黃花堆積，憔悴損、如今有誰堪摘？守著窗兒，獨自怎生得黑？梧桐更兼細雨，到黃昏、點點滴滴。這次第，怎一個、愁字了得。

　　大意是說：我要尋找一些東西，但周圍一片清冷，使我心情淒酸得很。在這個陣暖陣寒的季節裡，實在很難靜心休息。兩三杯的清酒，又怎樣能抵擋晚上的秋風呢？雁兒飛過了，最傷心的原來我們以前是相識的朋友啊！　菊花遍地堆積，現在都已凋零憔悴，又有誰願意採摘呢？我守在窗前，一個人又怎樣等到天暗呢？細雨輕打著梧桐，點點滴滴的直到黃昏時分，在這許多的情況下，又豈是一個愁字可以形容得出來！

狀元王拱辰的孫女，這位繼母不但學識淵博，還能寫文章，才華出眾。

大約在李清照牙牙學語的時候，父親就離開故鄉到京城汴京就職，李清照留在家鄉，由她的叔伯們照顧。不僅叔伯親戚視她如己出，祖父也特別寵愛她。而她的父親更是經常寫信回家，對李清照的教育十分關注。

四、五歲時，李清照就開始與堂兄弟一起讀書。聰明的她常常是一目十行，過目不忘，而家中藏書甚豐的書房，更是她汲取知識的寶庫。

一天，叔父把李清照抱在懷裡，對她說:「清照！來！背一首〈金縷衣〉給伯伯、叔叔們聽。」

「勸君莫惜金縷衣，勸君惜取少年時，花開堪折直須折，莫待無花空折枝。」才六歲的李清照已能背誦數十首詩了。

　　「哈哈！很好！那麼再來背一首〈出塞〉吧！」祖父開懷的說。

　　「黃河遠上白雲間，一片孤城萬仞山，羌笛何須怨楊柳，春風不度玉門關。」李清照立刻一字不漏的背出整首詩。

　　在滿室書香的陪伴下，李清照漸漸長成一個清秀佳人，而她的文才也漸漸展露，還曾獲得父執輩的大文豪晁補之＊的讚賞。她的父親私底下常常對她母親感嘆道：「唉！要是清照是個男孩該有多好，她博學強記，如果要求取功名，不就像探囊取物般的容易嗎？」在那個重男輕女的年代裡，無怪乎她的父親會有這樣的

　　放大鏡

　　＊晁補之　北宋詞人、文學家。詞風深受蘇軾影響，與張耒、黃庭堅、秦觀並稱「蘇門四學士」。少年時，曾帶著〈七述〉一文謁見蘇軾，備受賞識。蘇軾讀完後讚嘆的說：「吾可以擱筆矣。」又說晁補之作文章無所不能，將來必能名聞天下。著有《雞肋集》、《晁氏琴趣外篇》。

感嘆。

所幸，李清照的家人對她不多加干預，任由她自由、活潑的成長，這對她的思想發展有很大的幫助。開明的家人還讓她多次出遊，瀏覽家鄉附近的古蹟名勝，壯麗的山川景物也成為她創作的素材。

※　　　　　　※　　　　　　※

看到這兒，李明才抬起頭，興奮的對李靜說：「我以為寫『冷冷清清、淒淒慘慘』的人一定很冷，行為很端莊。想不到李清照也和我一樣頑皮，喜歡到處跑！」

「當然啊！她不過是一般人呀！」李靜笑著說。

「李清照給人的感覺很親切！而且她都不會被大人限制這限制那的，真是自由！」李明說。

李靜點點頭說：「其實她不像一般的大家閨秀，整天關在閨房

繡樓裡，大門不出、二門不邁的。她喜歡投身大自然，寄情山水，盡情表現她蓬勃的青春朝氣。從她年輕時候寫的詞來看，似乎看不到封建規範、禮教加在她身上的枷鎖。」

　　李明露出羨慕的眼光，說：「真希望我的爸媽也像李清照的家人一樣，不要管我那麼多。」

　　李靜安慰他說：「只要你讓他們覺得放心，他們就不會限制你太多，不是嗎？時間不早了，我先回家了。這本書借給你，改天要向我做心得報告喔！」

5

女詞人的丈夫

　　李明在李靜離開後，覺得意猶未盡，又拿起書閱讀，沉浸在李清照的故事中。

　　※　　　　　　　※　　　　　　　　※

　　李清照十六歲的時候，離開家鄉來到汴京。當時，她的父親在文壇已是頗具分量的文人，家中常常高朋滿座，他們不僅談詩論文，也議論國事。李清照在這樣的環境下，耳濡目染，日後對國事政治也有很深刻的體會與見解，而她的聰慧與洋溢的文才也漸漸受到矚目。

　　畢竟還是在青春洋溢的年紀，李清照最期盼的就是上元節*。想到上元節熱鬧的氣氛，她的心情也跟著愉快起來。

　　正月十六日這天，李清照與

侍女一同來到相國寺，正瀏覽寺內各名家詩牌時，卻瞥見一雙炯炯有神的清澈明眸。雙目交會下，李清照雙頰翻紅，趕緊拉著侍女躲開這大膽凝視的目光。但是，後來她再也無心遊賞，心中深深烙印著那雙靈秀的清眸。

當然，她也不知道，這驚鴻一瞥在對方的心湖，已漾起陣陣連漪。這雙明眸的主人正是時任禮部侍郎趙挺之的三公子趙明誠。

趙明誠當時是個學業優秀的太學生，喜歡收藏金石碑拓。在相國寺偶遇後，趙明誠積極探尋那位令他傾倒的女子究竟是哪家的姑娘，後來輾轉得知就是禮部員外郎李格非的女兒李清照。趙

放大鏡

＊上元節　農曆的正月十五日為上元節，也就是元宵節。上元節的活動從十四日晚上的試燈，到十六日的收燈為止。此時京城裡的仕女們都會乘車出城到郊外宴遊。

明誠早已耳聞李清照的文才，更曾拜閱她的作品，對這個「女詞人」傾慕不已。

李格非是當時朝野公認學識淵博的文壇前輩，趙明誠便假借拜謁前輩之名，前往李府一探究竟。

這天早晨，李清照正在花園裡盪著鞦韆。

「用力一點，再推用力一點！」李清照坐在鞦韆上，對推著她的丫鬟說。

鞦韆越盪越高，李清照叫著、笑著，流了許多汗，薄薄的衣衫都溼透了。

丫鬟對她說：「小姐，妳看！妳流汗溼透了衣裳，好像鮮花沾滿了露珠。」

「對！巧妹妹，妳跟在我身邊，也會作詩了。而且露水很濃，就顯得花很瘦。」

李清照氣喘吁吁的跳下鞦

韆，還來不及把手擦乾淨，就聽見前面門房通報：「客人來了！」

「怎麼辦？可不能讓客人看到我汗溼上衣的樣子。」

慌亂中她的鞋子掉了、髮上的金釵也歪了。她羞愧的躲在門後，又忍不住好奇的偷偷回頭看來的客人是誰，居然又看到那雙讓她魂牽夢縈的清眸，害羞的趕緊溜走，卻不忘聞聞門前梅子的清香。＊

李清照以為她躲過了這尷尬的場面，沒想到這一切趙明誠都看進眼裡了。

「那日在相國寺遇見的那位姑娘，果然就是李家的千金。這位佳人真是可愛啊！」趙明誠心中暗自歡喜。

放大鏡

＊這就是她少女時期的作品〈點絳唇〉所描寫的情景。原文是：蹴罷秋千，起來慵整纖纖手。露濃花瘦，薄汗輕衣透。　見有人來，襪剗金釵溜，和羞走。倚門回首，卻把青梅嗅。

　　短暫的拜謁後，趙明誠離開了李家，心中又喜又憂。要如何才能與她一起擁有幸福呢？對於婚姻大事，他只能恪守父母之命，要如何才能讓父親知道他的心意呢？趙明誠思緒紊亂，心煩不已。

　　反覆思索後，趙明誠想到一個好辦法。

　　這天，趙明誠自太學返家，臉上滿是困惑。父親一見到他心神不寧的模樣，關心的問：「最近課業是不是很重？你的身體狀況還好嗎？」

　　趙明誠回答：「課業一切都很順利，身體狀況也還好，不過最近常常夢到讀著一本奇怪的書。」

　　「什麼書？」趙挺之聽出了興味。

　　「什麼書不記得了，內容是什麼也不記得，只記得裡面的三句話。這三句話讓我困惑不已。」

「哪三句話呢？」

「言與司合，安上已脫，芝芙拔草。」他念完，歪著頭問：「這個像拗口令的話是什麼意思啊！根本不通嘛！」

他父親聽完之後，意會到兒子的心意，莞爾一笑，說：「這是一個喜兆啊！你看！『言』和『司』字合起來，就是『詞』字；安字去掉上面的寶蓋頭，就是『女』字；而『芝芙』拔掉草字頭就是『之夫』嘛！所以這個夢兆是——你將會是女詞人的丈夫啊！我想，這位女詞人應該就是李格非的千金李清照吧！哈哈哈！我這就下喜帖為你向李家求親吧！」

※　　　　　　　　※　　　　　　　　※

李明揉揉惺忪的眼睛，喃喃嘀咕：「真麻煩，古代人要娶個老婆還得這樣大費周章。不過，李

清照的詞真的寫得很傳神。從她的那首〈點絳唇〉的詞裡，好像看見一個剛盪完秋千、渾身是汗的小女孩，躲避客人前還要聞聞果子香，感覺她很天真活潑、頑皮得很，把她的個性描繪得如此傳神。改天我也來寫寫詞，把我在球場上的英姿寫下來吧！哈哈！」

李明熄掉桌燈，躺上床幻想著自己在球場上煥發的身影，漸漸進入夢鄉。

6

大喜的日子

　　李明正睡得香甜，忽然聽到媽媽拉著嗓門大喊：「明明啊！太陽晒屁股了，還不起床？今天中午要參加叔叔的婚禮耶！」

　　李明聽到媽媽的叫喚，翻個身，雙手捂著耳朵繼續睡，一會兒又聽到媽媽大喊：「你姐李靜來找你了！別再睡了！」李明這才不情願的起床，梳洗後來到客廳。

　　「姐，妳這麼早就來了？昨天晚上，我可是用功的『開夜車』，看妳借給我的書呢！」

　　李靜說：「別找藉口了！對了，你看到哪個段落呢？」

　　李明說：「看到趙明誠要去李家提親。姐，趙明誠到底有沒有把李清照娶回家？」

　　「你繼續看就知道了啊！」

　　「唉呀！我昨天看了好多

27

字，眼睛很酸了。姐，妳說給我聽吧！」

李靜拗不過李明的請求，「好吧！離婚禮開始還有一段時間，我就簡單的說給你聽吧！」

※　　　　　　※　　　　　　※

這天晚上，趙府燈火通明，人聲鼎沸，處處高掛紅喜幛、紅燈籠，前來祝賀的官員親友絡繹不絕。

「京城婚宴，從沒這麼排場過。」

「禮部侍郎趙挺之娶媳婦嘛！全汴京的官員幾乎都來道賀了。」

「也是因為禮部員外郎嫁女兒，李大人學問好、人品高，來的士大夫、讀書人特別多。」

「聽說新娘子貌美如花，會填詞、又懂琴棋書畫，真不愧是才女。」

「來了！新郎、新娘來了！」

眾人紛紛向兩旁讓出一條路來。

只見新郎官長得溫文俊秀、風流倜儻，穿著紅袍，面露微笑，胸前還帶著一個大紅花。而新娘子頭上雖隔著大紅蓋布，但看她的體態，就知道是婀娜多姿了。

「才貌雙全啊！真是珠聯璧合。」

新人拜過堂之後，新娘便被引入洞房，靜靜的安坐在床沿。洞房外鬧酒聲不斷、喧譁聲不歇，直到深夜了，還久久不散。

洞房裡，懸掛著一個大紅宮燈，垂著金色流蘇，把洞房四壁映成了一片朱紅。一對大龍鳳燭，喜氣洋洋的閃耀著光焰。繡紅的大紅蓋頭把新娘和周圍的一切隔開了，眼前只是一片紅色、一片朦朧的神祕。

　　這新娘子正是李清照。她心想：十八年安適的閨中生活，一晃眼就過去了，現在要為人婦了，不知公婆如何？將來還能像從前一樣作詩填詞嗎？千百種想法頓時湧上心頭。

　　思緒紊亂的李清照根本沒注意到她的陪嫁丫鬟錦繡悄悄溜了進來。

　　錦繡輕拍一下李清照，叫了一聲：「小姐！」

　　李清照嚇了一跳，抬頭看到是錦繡，抓著她的手不放，說：「好妹妹！妳可要陪陪我。別把我一人丟在這兒！」

　　錦繡笑著說：「別的新娘會害怕，可妳是見過世面的，一定不怕。」

　　「我知道夫君是好人，好相處，可公公呢？婆婆呢？不知好不好？」

　　「我的眼睛最賊亮了！這半

天，我可是一直觀察著妳的翁公、翁婆。他們都是知書達禮、待人寬厚的人，妳放心啦！」錦繡拍拍她的肩，安安她的神。

還沒來得及回答，錦繡就看見姑爺進新房來了，趕緊喊了一聲：「新姑爺，萬福！」側身作了一個揖，急急退出房間。

趙明誠雖然還是太學生，又是宰相寵愛的么子，卻沒有一絲紈絝子弟的貴氣。他一個跨步進到新房，緩緩走到新娘面前，憐惜的說：「娘子，妳一個人在這兒怕不怕？」

李清照回答：「不怕。」接著問道：「外頭的筵席還沒散，你這新郎倌怎麼就進了新房？」

趙明誠頑皮的說：「怕妳孤單，就找個理由偷溜進來了！」

趙明誠輕輕掀起了李清照的蓋頭，看著她嬌羞的抬起頭來，她眼如秋月，唇紅齒皓，整個面

容嬌嫩得可以滴出水來，趙明誠呆住了。李清照微笑著，情意綿綿的看著他，趙明誠忍不住將她擁入懷中……滿室充盈著幸福。

※　　　　　　※　　　　　　※

「姐！妳真會編故事，有許多地方是妳加油添醋的吧？」

李靜說：「我用說書的方式，哄你這個小不點，不賴吧！」

「一百分，一百分！」李明停了一下，又懷疑的趨前問：「我猜妳一定有男朋友吧！不然，怎麼會體會得那麼深刻？」

李靜臉上立刻緋紅，緊張的看看左右說：「我就是會胡謅！你不要亂講話，瞎猜！」立刻轉移話題：「快去換衣服，我們快趕不上小叔的婚禮了！」

7 夫妻間的生活情趣

其實李明的猜測是對的，李靜背著父母偷偷的交了個男朋友王萌萌，是同校隔壁班念理工組的同學，這些日子李靜和堂弟之間的談話內容，她也都告訴了他。

在小叔的婚禮上，李靜想著王萌萌想得有點出神了，坐在鄰座的李明推了她一下，她才回過神來，「幹嘛？」

「妳在想什麼？想得這麼出神，問妳這麼多次，妳都不回答。」李明說。

「你剛剛問了什麼問題啊？」李靜避重就輕的問。

「我說，嬸嬸和小叔結婚之後，是不是就搬到爺爺家和他們住在一起？」

「是啊！」

「要搬到別人家裡住，一定很不習慣吧？如果是我，我才不要呢！」李明又問：「姐，妳剛剛說李清照和趙明誠結婚了，那他們結婚以後的生活是怎麼樣的情形呢？」

「李清照和趙明誠結婚之後啊……」

※　　　　　　　※　　　　　　　※

李清照和趙明誠新婚不久。一天清早，李清照正坐在妝臺前，聽到外面叫著：「賣花，賣杏花！賣梅花！」聲音從東巷傳到西巷。

全身洋溢著喜氣的新娘子，輕聲叫喚丫鬟錦繡，正想要她去買些鮮花來時，錦繡就提著一籃紅紅白白嬌嫩欲滴的鮮花進房來。

「果然是我的好妹妹，真了解我的心意。」

「當然囉！」錦繡一邊說，一邊從籃裡挑出兩朵還帶著露水的杏花，「小姐，我幫妳梳妝。」

錦繡幫著李清照梳理如雲的髮絲，挽上個髮髻，斜插著簪，再把粉嫩的杏花插在她耳後。李清照對著銅鏡左看右看，這兩朵花真是漂亮！

她起身走到趙明誠面前，側頭讓他看耳後的花，俏皮的問：「你說！是我好看還是這花好看？」

「當然是花兒好看！」趙明誠挑著眉毛說。

李清照假裝生氣的跺腳，手插著腰說：「討厭！我的想法又被你猜著了。」兩人相視大笑了起來。＊

放大鏡

＊這就是李清照〈減字木蘭花〉中所描寫的情景。詞的內容為：賣花擔上，買得一枝春欲放。淚染輕勻，猶帶彤霞曉露痕。　怕郎猜道，奴面不如花面好。雲鬢斜簪，徒要教郎比並看。

　　她穿戴整齊後，又走到夫婿跟前問：「我這樣穿好不好看？」不等趙明誠回答，她又拉著他到妝臺前，說：「我眉毛是不是畫得太深了？這種眉形現在流不流行？」又撒嬌的說：「我的眉毛總是畫不好，彎度也不對稱。你幫我畫一下！」＊

　　李清照活潑慧黠，趙明誠常常拿她沒辦法，而趙明誠也是聰明人，只要李清照靈活的大眼睛滴溜一轉，就能猜出她的意思。

　　趙明誠結婚時還只是個二十一歲的太學生，只有每月初一和十五才能回家一次，婚後趙明誠也不能例外，平時都待在太學裡。

　　好不容易盼到了十五這一天，趙明誠想到愛妻正在家盼著他，歸心似箭的他邁開大步快速前行，途中經過相國寺的市場，眼睛瞄到一個古物攤子，陳列不

少金石、碑文拓本＊。他眼睛一亮，不禁停下腳步，拿起拓本一本本翻閱起來。

「我看你是行家，這些拓本可都是難得一見的寶貝喔。」商家熱心的說著。

趙明誠翻了又翻，有些拓本確實讓他愛不釋手，但是想到要花掉不少錢，他有些猶豫了。

「好東西，機會難得。看你是有緣人，便宜賣給你！」商家看他有些心動了，便在一旁繼續遊說著。

趙明誠正懊惱沒有足夠的錢可以買下這難得一見的拓本時，突然瞥見前面店家門口有塊藍布，上面寫著一個大大的「當」

＊形容夫妻間的閨房之樂就是用此句 ：「閨房之樂，未有甚於『畫眉深淺入時無？』」

＊**拓本** 從器物或石碑上拓印下來的紙本。拓印時先將紙緊貼在器物上，再用綿包沾墨汁拍打，刻在器物上的圖文便會轉印在紙上。

字。他心裡想：「別猶豫了！難得碰上。」

心一橫，走入當鋪，把身上的外袍脫下，當了五百錢，買了些心愛的拓本，才趕緊回家。回家後，趙明誠與李清照一同欣賞這些拓本，對於趙明誠典當外袍買拓本的事，她笑著說：「這拓本真好，當得好！」

趙明誠認真的說：「我收藏金石文物，並非只為好玩而已，最主要在考證古來聖賢遺跡及君臣行事。從年少起，我就酷好金石書畫，在讀書、寫文章之餘，便是搜集、整理這些『寶貝』。現在有妳和我一起分享，我真是太幸福了！」

李清照點點頭說：「你的興趣在這兒，我會支持你的。」

一晃眼，趙明誠和李清照這對神仙眷屬結婚一年了。夫唱婦隨下，李清照對於「金石學」也

有了濃厚的興趣，她幫著丈夫考證、鑒別古物。夫妻間最大的樂趣就是讀書、研究金石書畫。

※　　　　　　※　　　　　　※

「李清照還真會教人談情說愛呢！聽起來亂肉麻的。」李明聽完下了一個結論。

李靜瞪了他一眼，沒好氣的說:「唉，小鬼頭，你不懂啦！」李清照和趙明誠夫妻相處的情趣，真令人羨慕。李靜的一顆心，也被攪得不平靜。

回到家，李靜馬上上網將自己 MSN 的暱稱改為「畫眉深淺入時無?」然後與王萌萌連線對話。

萌萌說:
　　妳怎麼把暱稱改掉了？這是什麼意思啊？
畫眉深淺入時無?說:
　　這是李清照的句子。是她問她的丈夫趙明誠，她的眉毛會不會畫得太深或

太淺，畫的眉形會不會跟不上流行。

萌萌說：

喔！妳最近好像很迷李清照，開口閉口都是她。妳知道我是讀理工的，對文學沒啥概念，妳說的那些詞，搞得我有點暈頭轉向的。

畫眉深淺入時無？說：

從這些詞的內容，可以看出他們夫妻伉儷情深。

萌萌說：

這種深情，與夫妻相處的情趣，在中國古代社會很少有吧？

畫眉深淺入時無？說：

對呀！尤其是古代社會講究禮數，要求女性要端莊嫻靜、操持家務，哪像現代女生想念書就念書，想做什麼就做什麼呀！我覺得李清照的作風，比較適合現代人。

萌萌說：

生長在現代，妳覺不覺得自己很幸福呢？

畫眉深淺入時無？說：

嗯！真幸福！不過，就是得應付考不完的試。好啦，不多聊了，我該去念書了！

萌萌說：

為了明年 2 月的學測，我們都要加油

喔ㄜ！明ㄇㄧㄥ天ㄊㄧㄢ再ㄗㄞ聊ㄌㄧㄠ吧ㄅㄚ！Bye☺

畫ㄏㄨㄚ眉ㄇㄟ深ㄕㄣ淺ㄑㄧㄢ入ㄖㄨ時ㄕ無ㄨˊ？說ㄕㄨㄛ：

Bye☺

# 8 誰的文才比較高？

　　李靜想到明年 2 月的學測，心裡就有一點擔心，思索著是否不應該再花太多時間沉迷在李清照和趙明誠的故事裡。誰知道隨手翻開國文課本，映入眼簾的竟然就是李清照的詞〈一剪梅〉。

　　李靜突發奇想，挑揀出一張漂亮的雲彩紙，仔細的裁剪出一個長方形的紙片，在紙片的下緣貼上早先壓在課本裡的兩片楓葉，然後在空白的地方，謄錄下這首〈一剪梅〉：

紅藕香殘玉簟秋。

輕解羅裳，獨上蘭舟。

雲中誰寄錦書來？

雁字回時，月滿西樓。

花自飄零水自流，

一種相思，兩處閒愁。

此情無計可消除，

才下眉頭，卻上心頭。

在卡片的背後，滿是李靜娟秀的字跡：

萌萌：

為了2月的學測，我們都要好好加油喔！剛好讀到這首詞，覺得它寫出了我的思念。

在一個桂花飄香的秋天，趙明誠接到好朋友劉跂從山東寄來的信，約他到泰山去訪古。在趙明誠出發前，李清照幫丈夫打點行李，準備下酒菜，為他餞行。臨行前，李清照在一塊錦緞手帕上寫下這首〈一剪梅〉。

趙明誠讀了這首詞之後，真捨不得把妻子一人留在家裡，他登泰山、訪碑林的心思，都去了一半。人離家愈來愈遠，心卻離家愈來愈近，身還未到泰山，心已經在計算歸期了。就

像我剛從 MSN 離線，就開始想你了！

靜

　　李靜小心的收起這張親手製作的卡片，打算明天找機會送給王萌萌。這時卻又不禁想起李清照的另一闋詞，以及她和趙明誠之間的一段有趣故事。

　　※　　　　　　※　　　　　　※

　　趙明誠因父親的引薦出任官職。由於服官，夫妻經常分別，無法像以前一樣朝夕相處，這回趙明誠又因事遠行，初秋時節，李清照不堪相思之苦，將她的思念化作文字，寄給外出的丈夫。到了九月九日重陽佳節，李清照備感孤寂，她又提起筆寫了一首〈醉花陰〉詞，寄給丈夫。

　　趙明誠收到信之後，反覆吟詠著：

薄霧濃雲愁永晝，
瑞腦消金獸。
佳節又重陽，
玉枕紗廚，
半夜涼初透。

東籬把酒黃昏後，
有暗香盈袖。
莫道不消魂，
簾捲西風，
人比黃花瘦。 ＊

　　趙明誠看完之後，覺得這詞構思新穎，意趣高雅。雖然用極平易的文句，卻能貼切的傳達她的神態，真是令人嘆為觀止。他

放大鏡

＊這首詞的意思是：天氣低沉陰暗，心緒也難得寧靜，龍腦香從銅獸香鑪中溢散出來。現在重陽佳節快來到了，夜來陣陣的寒意，不時從繡枕及紗帳中透出。　黃昏時，我在東邊的竹籬下持酒細酌，採摘菊花藏入袖中，有縷縷的清香撲鼻，這不是很快意的事情嗎？但當我捲起窗簾，一陣西風吹到，原來我比凋零的菊花還憔悴呢！

想：「不行！我不能輸她，我也來寫些詞，看看誰的文才比較高？」接著，他對下屬說：「傳令下去！這二、三天我不接見來客，除非有急事，否則，不要來打擾。」

趙明誠廢寢忘食，苦想了三天三夜，連作了五十首詞，然後把李清照的那首重新抄錄，放在他作的五十首詞當中，再給他的好友陸德夫看。

趙明誠對陸德夫說：「這是我這幾天作的詞，你看看哪一首最好？」

陸德夫細細品味，玩味再三，然後說：「這些詞裡有三句寫得最妙。」

趙明誠很有自信的追問：「是哪三句呢？」

陸德夫緩緩念出：「『莫道不消魂，簾捲西風，人比黃花瘦。』這三句最好。前面『愁永晝』、『涼初透』，說出白天漫長的寂

寞，以及入夜後冷冷的枕席。末句『人比黃花瘦』寫出『我比凋零了的菊花還憔悴』，真是怨而不怒。」

趙明誠聽完後，對陸德夫說明原委，然後對空拱拱手，哈哈大笑說：「娘子，我甘拜下風了。」

　　　　　　※　　　　　　　※　　　　　　　※

李靜想到這兒，不禁莞爾一笑，然後收拾起心情，專心念書。

9 朝廷鬥爭的牽連

　　李靜正覺得奇怪：一天到晚往她家跑的李明，怎麼這個星期都不見蹤影，突然就聽到李明的聲音：「伯母，靜姐在嗎？」「在啊！在她房裡。」

　　李靜正打算起身出房門，就看到李明連門也不敲，莽撞的開門進房了。

　　李靜假裝生氣的說：「李明，你真沒禮貌！你不知道應該先敲門嗎？」

　　李明回答：「喔，對不起啦！姐，我有一個問題要問妳。妳知不知道『元祐黨爭』到底是怎麼回事啊？又和李清照有什麼關係呢？」

　　李靜笑著說：「我還以為你放了暑假根本就玩瘋了，所以才好一陣子沒來，原來你是在研究李

清照。沒想到，這位讓你覺得肉麻的女生，對你的吸引力這麼大！」

李明苦笑說：「姐，妳就不要再挖苦我了！快點告訴我那一段歷史的來龍去脈吧！」

李靜皺了皺眉頭，說：「其實，我也不太清楚！不如，我們上網查查資料，一起研究這段歷史與李清照的關係吧！」

在無遠弗屆的網路世界裡，他們找到一個解說非常詳盡的網頁。

　　　　※　　　　　　　※　　　　　　　※

在李清照與趙明誠婚後的這段甜蜜又平靜的生活中，唯一掀起波瀾的大事是發生在宋徽宗崇寧元年（1102年）的元祐黨爭。

這件事必須從宋神宗的變法開始講起。神宗熙寧二年（1068年）時，任用王安石為副宰相，主持

新法。當時王安石為了富國強兵，改變宋朝長久以來積弱不振的現況，大刀闊斧的全面革新原有的制度，這樣激進的方式引起舊派司馬光、蘇軾等官員的反對，造成新舊派黨爭。

王安石在守舊勢力的干預之下，黯然下臺。神宗病逝後，由哲宗繼位，年號改為元祐。

哲宗即位時還年幼，實際上是由他的祖母宣仁高太后掌握政權。高太后執政期間，盡廢新法，重用蘇軾等舊派老臣；而蘇軾在元祐年間受重用之時，曾打壓趙挺之，因此兩人之間私怨很深。

高太后病逝後，哲宗親政，恢復新法。哲宗病逝，徽宗繼位，向太后聽政，新法又被廢。向太后過世後，徽宗親政，改年號為「崇寧」，意思就是要恢復熙寧新政。這時趙挺之身為崇寧

大將，自是以打擊舊派勢力為務，因此在元祐年間受重用的蘇軾、李格非等人，便被視為「元祐黨人」。趙挺之在蘇軾死後，便將蘇轍等五十七人列入黨人名單，令其不得留在京城任職。與蘇軾交往甚密的李格非因此被牽連而罷官。

然而對元祐黨人的打壓還不只如此，連著幾道詔書顯然是要對元祐大臣趕盡殺絕。李清照得知這個消息，憂心忡忡。她的父親李格非不僅遭受罷官的命運，恐怕還有生命危險。

一向對李清照體貼入微的趙明誠當然發現了近日來妻子寢食難安，想當然一定是為了她父親的事而煩惱。但是趙明誠也清楚的知道，父親趙挺之雖居高位，但他與蘇軾之間結怨甚深，斷不可能幫助「蘇軾幫」的岳父，想到這裡，趙明誠覺得無能為力。

李清照不愧是趙明誠相知相惜的妻子，她了解趙明誠的難處，便不向他提出任何要求。

李清照最後決定上書公公趙挺之，為父親無辜遭受牽連而喊冤。

※　　　　　　※　　　　　　※

李靜說：「現在已看不到李清照上書的全文了，但是想必文章一定是誠摯感人，因為有別的書中記載：當時有一個文人看到這篇文章，感動得掉下眼淚。這篇文章現在只留下『何況人間父子情』這一句了。」

李明問：「李清照的公公看了文章之後，有沒有幫忙呢？」

李靜說：「沒有，她的公公權衡利弊輕重，還是沒幫忙，最後她父親接連被貶官、罷官。幾乎在這同時，趙挺之的官連升三級，與蔡京同為崇寧年間的左右

宰相。」

　　李明說:「啊！那李清照一定很傷心。」

　　李靜點點頭，又說:「宋朝的新、舊黨之爭就是這樣可怕，一黨得勢，另一黨的人就遭殃，還會牽連很多人呢!」說完，他倆無言的沉默了好久。

10 青州十年 平靜的歲月

　　李明打破沉默，轉換輕鬆的語調說:「唉呀！政治就是這麼黑暗，不要說這些了。後來李清照和趙明誠怎麼了？姐，妳說點輕鬆的事給我聽吧！」

　　李靜呼了一口氣，「好吧！我們來說說他們到青州居住的那段平靜歲月吧！在這十年裡，李清照寫成了一本《詞論》，而趙明誠也將他對古物碑帖的研究整理成《金石錄》一書。」

　　※　　　　　　※　　　　　　※

　　大觀二年(1108年)，趙明誠夫婦看清了政壇的黑暗，而趙挺之也在前一年過世了，因此趙明誠便決定辭官，帶著妻子回到青州老家，遠離紛亂的政爭，過平靜的日子。

　　褪去汴京的繁華，青州的生活對李清照來說再愜意不過了。夫妻倆吃的是粗茶淡飯；穿的是褐衣布裙，但生活卻充實而愉快。

　　在青州老家，趙明誠仍然不忘搜羅古書字畫，李清照就幫著整理、分類、編號。每得罕見的古書，兩人就共同校勘、鑒賞、整集簽題，指摘瑕疵。李清照常對朋友說：「賞字畫真有趣！我會為沒買的字畫扼腕，我會為尋到一小紙片而雀躍。」夫婦倆沉浸在古書字畫的天地裡，不亦樂乎！

　　一天，李清照想起趙明誠曾發了雄心大志，說：「我要收盡天下古文奇字。」不禁噗嗤笑了出來。

　　趙明誠從書中抬起頭來，問：「妳在笑什麼？」

　　李清照說：「笑你！」接著說：「笑你對這些古物的癡！」

趙明誠微笑說：「好書就像醇酒，越陳越香；好畫使我如癡、如醉、如狂。」

「好畫來了！」才說著，與趙明誠夫婦熟識的古董商，就帶著一幅南唐徐熙畫的「牡丹圖」來了：「這是徐熙的名畫，二十萬才賣。」

趙明誠說：「二十萬？就算是富家子弟要拿出二十萬也不容易呀！」

「徐熙的花木草蟲畫太有名了，這幅『牡丹圖』是他的真跡。你們也識貨，這幅名畫行情真要二十萬。」古董商毫不鬆口。

李清照緩頰的說：「你做我們的生意也不是一兩天的事情了。這樣吧！這畫先放在我家一晚，讓我們考慮看看。」

趙明誠立刻懂得她的盤算，接著說：「我們是你的老主顧了，請你明天再來拿畫吧！」

「好吧！你們考慮看看，真的值得！」古董商勉為其難的答應了。

待古董商一走，趙明誠對著妻子說：「愛妻啊！妳實在是個聰明人。」

他們仔仔細細的賞玩，比對圖章、題字，一一記錄，直到深夜。

第二天，古董商來了。趙明誠說：「對不起，我們實在買不起。」李清照接著說：「有勞您跑一趟了。」他們看著古董商拿走這名畫，夫婦倆惋惜了好幾天。

校勘或整理古書之外，最令他們夫妻倆開心的莫過於飯後煮茶猜書史的時刻。

在滿屋都是書冊的「歸來堂」＊裡，李清照與趙明誠隔桌對坐，李清照取下一小塊茶餅用

＊趙明誠青州家中一間堂室的名稱。

微火炙乾後，輕輾成茶末，再用茶羅過篩，將較粗的茶屑過濾。趙明誠則拿來湯瓶注水煮開，在等待湯水煮沸的同時，趙明誠的臉上突然浮現一抹笑意，指著堆積如山的史書，對李清照說：「要喝這好茶，可沒那麼容易，得先通過考試！」

李清照會意的笑著說：「只待夫君出題了！」

趙明誠問：「廉頗『負荊請罪』的故事是出自《史記》的哪個章節？」

李清照自信滿滿的說：「在列傳第二十一〈廉頗藺相如列傳〉。」

趙明誠笑著說：「答對了！我這就注湯沖茶奉上。」然後臉上假意堆滿了委屈。

李清照端起茶碗，正巧瞥見趙明誠臉上的表情，更是樂不可支，大笑著端不穩茶碗，一不小

心把茶灑了滿身，反倒沒喝到茶。這回換李清照出題了……夫妻倆猜史書喝茶的過程中，是誰贏得多呢？看來趙明誠要讓愛妻三分了。

李清照猜贏也笑足了，望著窗外，嘆口氣說：「哎！這幽靜的小山城，有書為伴、有你為伴，我情願在這兒終老。」

趙明誠環顧這老宅，起身走過去擁著李清照說：「這些年來，政局一直動盪不安，我不去做官，薪津減少也沒關係。我們就把研究完的古物、古字畫賣出去，以此為生！只要有妳為伴，我也願在此終老。」

「是啊！即使粗茶淡飯，我也願意。我們出去走走吧！」他們走向銀色月光，漫步在花園裡。李清照靠在趙明誠懷裡，低聲說著：「知我者，莫若夫君也。」朦朧月光下，兩人依偎良久。

※　　　　　　※　　　　　　※

　　李明假裝打個冷顫，「噁心！我都起雞皮疙瘩了！後面的情節一定是妳自己編的！是不是妳和妳男朋友相處情景的實況啊？」

　　李靜拍了一下李明的肩膀，「你不要亂說！我說的可都是有根據的。李清照曾經作過一首〈偶成〉的詩，就是在懷念她和趙明誠相處的舊日時光，詩裡就提到他們曾在花前月下一同遊賞！」

　　李明頑皮的做了個鬼臉，說:「談戀愛！妳一定在談戀愛！」說完就一溜煙的跑回家了。

11

如何把詩寫好？

　　大家都說談戀愛會耽誤功課，可是李靜和王萌萌卻是互相砥礪，彼此提攜，他們約會大半都是在圖書館念書。王萌萌對作文一直很頭痛，前幾天模擬測驗，他的作文成績很低，讓他很受挫，趁著今天和李靜這個文科的高材生碰面，得好好向她請教。

　　李靜說：「最重要的就是要有情感啊！然後再講求架構完整、詞句優美。」

　　王萌萌搔搔頭：「不懂！」

　　李靜說：「我先說個故事給你聽，聽完或許你就會懂了！」

　　※　　　　　　※　　　　　　※

　　有一天早上，李清照在大廳擦著桌子、椅子，趙明誠在旁邊

踱著方步，他邊走邊念：「興盡晚回舟，誤入藕花深處。爭渡，爭渡，驚起一灘鷗鷺。」

李清照聽了就笑道：「這不是我少女時代的詞嗎？我所描述的是濟南的歡樂生活。」

「我就是喜歡妳這句『驚起一灘鷗鷺』。本來要划船回去了，卻誤把船划到蓮花池深處，急著划回岸邊去，卻嚇得鷗鷺群飛。」

李清照微笑不語，繼續手邊的家務。

趙明誠兩手交叉背在身後，又喃喃自語的吟哦著：「知否，知否，應是綠肥紅瘦。」

李清照聽了又笑道：「這不是我的詞〈如夢令〉嗎？」

「我就是喜歡妳這句『應是綠肥紅瘦』。句子簡單，彷彿不經意就寫出來了。」

清照終於忍不住了，「你今

天怎麼老抬舉我？對我的詞句讚嘆不已。說，你有何企圖？」

趙明誠說:「我是在推敲詞句，研究要如何才能把詩詞寫好啊！」他走到她跟前，裝著一個好學生的樣子，拱拱手說:「好娘子，教教我！妳那些句子，彷彿不經意就寫出來了，可是我苦苦尋思，卻總也想不到。如果我刻意斧鑿，反倒弄巧成拙了。」

李清照說:「小時候，我父親常教我：文章如果是隨意寫寫，就不真誠。『誠』就是要認認真真的寫。」

趙明誠開玩笑的說:「我叫『明誠』，我的『誠』特別多。我最『明誠』了。」

李清照輕拍他一下，說:「那就請夫君解釋『誠』字吧！」

「『誠』是真實不虛妄，不講假話。」他又神氣活現的說:「妳看！我父親把我的名字取得多

好。」

李清照笑著說：「你真會說啊！」她又說：「寫作時，真誠不欺很重要，不但要通過別人的審查，最重要的是要通過自己的審查。『言為心聲』，就是這個道理。『情』和『景』能交融最重要，人的情思可以隨景轉動才是好文章。」

趙明誠心領神會，似乎瞭然於心，對李清照作了一個揖，說：「多謝娘子，我的好夫子。」接著說：「我覺得娘子把生活點滴都寫活了。妳塑造了一種前所未有的風格，在妳的詞裡，似乎可以清楚的見到一個溫婉的女性形象。而妳用的詞句都很淺白，卻可以把感情寫得很深刻。有時妳的詞又像是在畫畫，一筆一畫的描繪出眼前的景象，卻又充滿感情。」

李清照學著丈夫，還了一個

揖，說：「夫君過獎了。如果刻意雕琢、講究詞句華麗就不夠真誠了。寫出來的詩詞，若能使人心裡震動便是好詩詞。」

※　　　　　　　※　　　　　　　※

王萌萌聽到這兒，學古人拱手作揖，用唱京戲的腔調對李靜說：「多謝娘子，我好像懂了。」

李靜羞紅著臉說：「誰是你娘子！」

王萌萌收起玩笑話，認真的說：「靜，妳剛剛說的重點是不是就是：寫作文的時候，最重要的是要把自己內心的感情寫出來，再去要求文句的優美？如果我只是一味的著重在文句的雕琢、架構的布置，卻忽略了文章最重要的『精神』的話，就不能感動人，也就不算是好文章了？」

李靜點點頭說：「沒錯！」接著頑皮的說：「你看，李清照是一個

很好的老師吧！教會了你怎麼寫作文。」

　　提到李清照，她又像是想到了什麼似的對王萌萌說：「李清照的詞獨具特色，因此後來的人稱她的寫作風格為『易安體』，成為婉約派的代表。在 1114 年的時候，也就是他們夫妻住在青州的那段時間裡，她還寫了一本《詞論》，提出詞應該『別是一家』，必須有別於詩，而有詞自己的特色。她真的是一個很厲害的女 —— 詞人！」

　　李靜刻意拉長「女」字，讓王萌萌哭笑不得，說：「是！我的好女 —— 朋友，咱們應該趕緊念書了！」

12 載古物逃難

　　幾天後，李靜正在書桌前對著北宋末年的歷史搖頭興嘆的時候，李明又沒禮貌的直接開門走進她的房間，大聲的說：「姐，妳在幹嘛？」

　　李靜沒好氣的說：「你沒看到我在念書嗎？你很沒禮貌耶！」

　　李明不在意的走近李靜，探頭看了看她正在念什麼書，「徽宗？靖康之難？咦，是李清照的傳記裡頭所寫的那個徽宗嗎？」

　　「是又怎樣？」李靜還在為堂弟沒敲門就闖入她房間而生氣。

　　李明一邊興奮的拿出背包中的書，一邊搶著說：「這一段歷史我可熟了，我還可以告訴妳徽宗跟李清照的關係呢！」

　　李靜睜大眼睛，不可置信的看著李明，心裡想：這個愛玩的

小弟好像不太一樣了！

李明開始煞有其事的說著：

「話說……」

※　　　　　　※　　　　　　※

話說李清照和趙明誠在青州過了十多年悠閒的歲月，但這些年來，朝廷中的鬥爭不斷，外有強敵環伺，內有蔡京擅權，到頭來搞得徽宗皇位都快保不住了。

徽宗宣和二年（1120年），趙明誠奉召去治理萊州，隔年李清照也到萊州。一天，趙明誠憂心的對李清照說：「朝廷積弱，當今皇帝不管朝政，由著宰相蔡京專權。唉，不知道朝政會敗壞到什麼地步？」

李清照說：「當今皇上很有藝術才華，擅長書畫，卻識人不清，才會被蔡京矇蔽。」

「皇上喜歡醇酒、美人，生活極其奢華，卻不顧人民生活困

苦，早已引起民怨，各地紛紛起來反抗了。」

「我看最嚴重的是金兵應會趁勢南下。到時候我們該怎麼辦?」

「唉!如果金兵來了，我們逃也不是，不逃也不是。這些從青州帶來的金石書畫，該怎麼處理呢?」趙明誠擔憂極了。

沒想到他們的預言成真!宣和七年，金兵南下，宋徽宗嚇得把王位讓給他的兒子，也就是後來的欽宗。隔年，欽宗靖康元年(1126年)，趙明誠轉任淄州，而金兵一路南下逼近汴京，淄州也要淪陷了，到處兵荒馬亂、風聲鶴唳。

夫婦倆面對滿箱滿篋的書畫古物，既是戀戀，又是悵悵，戰亂時，這些心愛的東西該怎麼辦呢?他們覺得前途是無止盡的噩夢。

局勢一天比一天壞。靖康二年，發生了最讓臣子們蒙羞的大事！大臣們目睹金兵擄走了徽宗、欽宗二帝，卻無力營救。同時，府庫財物也被他們洗劫一空，這就是歷史上有名的「靖康之難」。

不幸的是，趙明誠的母親在這個節骨眼過世了！在兵荒馬亂中，趙明誠還得趕去江寧*奔喪。

臨行前，趙明誠說:「皇室勢必遷都南下，而金兵南下的速度也會越來越快。我看，我們在青州的那些古物也必須往南運才安全。」

「我也有同感！但是押運古

放大鏡 ——— *江寧　大約在現在的南京。作為歷史古都，南京曾數次更名。楚威王時稱金陵，秦始皇的時候改名秣陵，東漢時改為建業，晉初又改秣陵，後來以秦淮河為界，南為秣陵，北稱建鄴，後來為了避晉愍帝司馬鄴諱，改名為建康。北宋時稱江寧，南宋高宗建炎三年又改名為建康。

物勢必延宕不少時間，我想不如你先下江寧奔喪，我再帶著古物來江寧會你？」

趙明誠擔心的說：「但是妳一個弱女子押運大批古物，還得經過好幾個省城呢，要是路上出事怎麼辦？」

李清照倒是豪氣萬千的說：「碰到戰亂，也無可奈何，只有這樣了。」趙明誠無奈的點點頭。

「倒是滿屋子的古物，斷不可能全部帶走，該怎麼整理呢？哪些該帶哪些該留下呢？」李清照憂愁的問。

趙明誠心中萬般不捨，「是啊。但怎麼取？怎麼捨？」他反覆思索，然後說：「先去掉重複的書，再去掉大部頭的書，刪掉篇幅多的畫，再放棄古器中沒有銘刻的，再來就是畫中平常的、金石中笨重的就不帶。」

「嘔心瀝血的收藏，不知道

還能不能再看到?」李清照忍不住啜泣了。趙明誠連忙安慰她,其實自己更不捨,眼眶也紅了。

趙明誠行色匆匆的交代完,便往江寧出發。而李清照也返回青州整理留下的金石書畫。局勢越來越動盪不安,聽說康王趙構五月(1127年)在南京*即位了,改年號為建炎。

李清照回到青州舊宅,已是物是人非了。她將夫妻倆畢生搜羅來的字畫古物一一挑揀、裝箱,總共裝了十五車。看著老宅的十幾間房子裡,還留下不少的書籍古物,心中再怎麼不捨還是得暫時安放在這兒,只期待戰火不會延燒到青州,明年再由水路運走。

李清照才押運著十五車的金石文物離開,建炎元年(1127年)十二

*南京　今河南商丘,而非現在的江蘇省南京市。

月就傳來了青州發生戰亂的消息，得知青州老家十幾間房子裡的收藏，通通付之一炬，化作灰燼，讓她痛心不已。面對著慌亂的局勢與未知的危險，她毫不畏懼，由南而北，沿途見到烽煙四起，人民流離失所，亡國之痛油然而生。好不容易到了鎮江，心想：「江寧在望，這途中還好人車都平安。」

想不到一進鎮江城就聽到居民奔走呼告的叫喊聲：「亂軍來了！大家快逃！」

鎮江城中亂成一團，居民逃的逃、跑的跑。李清照攔住一個壯年人，問道：「亂軍是什麼人？守城的知府呢？」

那人回答：「大娘，亂軍張遇攻進城門來了，守城的錢伯言已經棄城先逃走了。妳還是趕緊逃吧！」

李清照的大隊車馬正要逃離

時，亂軍從後面追來，幾車落後的文物就這樣被劫走了。當她風塵僕僕的抵達江寧見到趙明誠時，兩人恍如隔世，這已是建炎二年的春天了。

她撲趴在趙明誠的肩上，喜極而泣的說：「差一點就見不到你了。」

趙明誠拉著她的手，上上下下的打量她，說：「妳瘦了一大圈。這一路辛苦了！」

李清照搖搖頭說：「經過這一趟運載的洗禮，我已不是養在深閨的花朵了。能夠保全這些僅剩的文物，值得！」

趙明誠扶著李清照步入府邸，對她說：「去年八月，承蒙皇上愛戴，我得以為江寧知府，只是時局難料，我這官能當多久，誰也說不準。不能給妳一個安定的生活，實在抱歉！」

李清照說：「只要能與你在一

起，其他的都不重要！」

※　　　　　　　※　　　　　　　※

李靜故意糗李明說:「我的小弟也會談情說愛囉！把李清照和趙明誠甜蜜蜜的感情表達得這麼傳神！」

李明紅著臉，嘴上卻不讓步:「哪有！我……我……我是跟妳學的啊！」

李靜笑著說:「好啦，不笑你了。你說李清照回青州整理文物，然後押運十五車的東西到江寧，這只是眾多說法中的其中一種。另外也有人說，李清照和趙明誠一起運十五車的文物，渡過淮河、渡過長江到江寧奔喪。不過，你看到的這種說法好像蠻有道理的。」

李明說:「當然啊！這本書就是如此寫的啊！」

李靜說:「笨小弟！盡信書不

如無書！」

　　李明搔搔頭，不解的問：「什
麼意思啊？」

　　李靜說：「自己回家查字典，
我要念書了啦！趕快回家！」

13 下雪天
登城尋詩

　　李靜發現聽了李明說李清照的故事後，北宋末這一段混亂的歷史，竟然變得如此有脈絡，讀來也輕鬆許多。讀完了這個章節，李靜稍作休息，才發現李明忘了把那本李清照的傳記帶走了。她隨手翻閱著，忍不住又走入李清照的世界。

※　　　　　　※　　　　　　※

　　隔著廣闊的長江，北方的馬蹄聲似乎慢慢被人民淡忘，在偏安江左的歲月，許多朝中大臣主張保守偷安，這樣的情形卻讓李清照非常苦悶。每當細雪飄起時，那乾乾淨淨的空氣、清清明明的氣味，讓她暫時忘記愁苦，創作的靈感直湧上心頭。

　　細雪紛紛，李清照獨自一人

戴著斗笠、披著蓑衣，登上古城，遠眺山河。

「這兒也曾是晉朝南渡後的國都。晉朝多虧了有像王導這樣的賢才，安撫南渡的北方士族，團結江東當地的人，協助琅琊王司馬睿建立東晉政權。他歷任三朝宰相，以安定朝廷、撫平群眾為目標，保持了東晉安定的局面。而曾在江的那一邊拼死禦敵的劉琨＊呢？現在在哪裡？唉！如今宋室南渡……」李清照看著

放大鏡

＊劉琨　晉朝大將。早年與祖逖是好朋友，常常互相勉勵，立志為國效力。半夜聽到雞啼，祖逖便叫起劉琨，一起練劍，後來兩人都成為晉朝名將。

晉懷帝時劉琨被命為并州刺史。當時并州遭到匈奴的搶奪殺掠，百姓四處流亡，劉琨招募一千士兵，轉戰晉陽。到了晉陽，卻見城裡滿目瘡痍，慘不忍睹。劉琨率眾重築城池，整頓百廢，召回流亡在外的百姓，耕種荒地，使廢城重現生機，成為軍事重鎮。

晉室南渡後，劉琨留守晉陽，決意恢復中原。當時，晉陽南邊是強大的匈奴，北邊有企圖染指中原的鮮卑，東面是與鮮卑結盟的幽州刺史王浚，在腹背受敵的情況下，劉琨堅守晉陽多年，最後死於鮮卑之手。

這片山河，不禁想到舊時與今日，又嘆了口氣，「唉！南渡衣冠少王導，北來消息欠劉琨。」

返家後，趙明誠詢問去處，李清照萬般無奈的對丈夫說：「我登城尋詩去了！」

李清照登高望遠，不只尋詩，看到的是曠古憂愁吧！因此，她的作品由前期多半描寫兒女私情的婉麗風格，開始轉變為表達對故國舊事的傷懷情調。

建炎三年，趙明誠被朝廷罷官，兩人決定到贛水附近擇居安家。

自江寧乘船行經烏江縣的時候，李清照對趙明誠說：「這就是楚霸王項羽自刎的烏江啊！我們下船憑弔西楚霸王的祠堂吧！」

李清照觸景生情，感慨的說：「楚漢相爭時，項羽被劉邦擊敗，由垓下突圍至烏江，烏江亭長把船停在岸邊，勸項羽上船回

江東重整旗鼓。但項羽有感當初率八千子弟渡江，而今無一人生還，實在無顏見江東父老，於是謝絕亭長，自刎而死。在這生死關頭，項羽不肯過江苟安，不愧是蓋世英雄！」沉默了一會兒，李清照高聲吟出：「生當作人傑，死亦為鬼雄；至今思項羽，不肯過江東！」＊

趙明誠聽完，也只能低頭不語。他知道妻子的這般感嘆是為了什麼。表面上讚美項羽是不肯忍辱偷生的英雄，卻暗諷南宋朝廷不圖恢復北方，反而苟且偷安的政策。

※　　　　　※　　　　　※

李靜讀完不禁感嘆的想：「一

放大鏡

＊這是首詩而不是詞，題名為〈夏日絕句〉，另題〈烏江〉。意思是：活著要做人中的豪傑，死要死得壯美，做鬼中的英雄。今天人們還在思念項羽，在生死關頭不肯回江東故鄉。

個纖弱嬌柔的女子，平日作風婉約，卻感國家之難而寫出這般剛毅的作品，譏諷朝政，這分剛強，世間幾個男子可以匹比？」

突然電腦傳來 MSN 動畫快遞的來電震動鈴聲，原來是王萌萌。咦？怎麼王萌萌的暱稱改了？

畫眉深淺入時無？說：
　　好個「力拔山兮氣蓋世」啊！俗話說「近朱者赤」，一點也不錯。跟我在一起久了，你的國文造詣也進步了不少喔！
力拔山兮氣蓋世說：
　　今天複習國文的時候，老師為了讓我們更清楚了解課文的內容，所以就花了一點時間解說楚漢相爭那段歷史。聽得我熱血都沸騰了！項羽那種英雄氣概，我最欣賞！
畫眉深淺入時無？說：
　　我們真是心有靈犀呢！剛剛我讀到李清照寫的詩句：「生當作人傑，死亦為鬼雄；至今思項羽，不肯過江東！」正

在感嘆呢！

力拔山兮氣蓋世說：

「生當作人傑，死亦為鬼雄」！李清照不都寫些溫柔婉約的詞嗎？她也寫過這樣雄壯的句子啊？

畫眉深淺入時無？說：

是啊！她在當時如此欽佩項羽這個末路英雄，可以說是有獨到的見解。另外，她也藉此諷喻南宋苟且偷安的政策。徽、欽二帝被擄，宋室南渡，是劃分北宋、南宋的分界點，也是李清照作品風格轉變的一個分水嶺。

力拔山兮氣蓋世說：

@＿@，妳不要再說什麼作品啦，風格啦，我頭都暈了，倒是說些李清照和趙明誠之間「恩愛」的故事給我聽嘛！

畫眉深淺入時無？說：

幹嘛故意用引號把恩愛引起來！我整理整理資料，寫成動人的故事之後，再 mail 給你吧！

力拔山兮氣蓋世說：

OK! 我拭目以待囉！

14 明誠暴斃
清照送別

　　離線後，李靜翻翻手邊的資料，著手寫這個動人又有點傷感的故事。

　　※　　　　　　※　　　　　　※

　　建炎三年二月，趙明誠被罷官，決定移居贛水。當他們到了池陽時，趙明誠卻收到詔書，要他到湖州當知府。趙明誠依例必須先到建康拜謝皇上恩典，李清照則暫住池陽。臨行，李清照乘船送趙明誠離開，一直到趙明誠必須上岸改走陸路，這天是她永遠無法忘懷的六月十三日。

　　看著趙明誠身穿夏衣，頭上紮著布巾，精神如虎、目光如炬，一副精神旺盛的樣子，李清照有千般的依戀，萬般的不願！但怎可不去應召？而城中紛起的

謠言，也讓她憂心不已。她問：「如果城中有什麼緊急情況，該怎麼辦？」

趙明誠說：「跟著大家走吧！逼不得已，先丟行李，再丟衣被。古物呢，先是丟書冊卷軸、再是古器；至於宗廟器物，一定要與人共存亡，不要忘記了。」

說完，就神采奕奕的揚起馬鞭，急馳而去。李清照望著趙明誠遠去的身影，看著那人影逐漸湮沒在滾滾的煙塵中。良久，不捨的淚水模糊了視線，她自覺像身處在一個不真實的夢境裡，有一種莫名的感覺襲來，不知道這次分手，什麼時候才能再見。

李清照回到池陽臨時的住所，規劃如何到湖州與丈夫會合。她萬萬沒想到分手僅月餘，盼來的消息卻是丈夫重病。

李清照憂心忡忡，心想：「明誠冒酷暑勞頓奔波，在建康感染

瘧疾，生了重病，這該怎麼辦？」又想：「唉！他平日性急，現在患了熱病，一定會服寒藥，這樣冷熱交攻恐怕會加重他的病情，我得趕快到建康去照顧他。」

李清照馬上雇了船，直奔建康，一晝一夜，趕了三百里，終於到了建康。

見到趙明誠瘦得不成人形的模樣，李清照心疼不已。趙明誠勉強睜開眼，虛弱的笑笑，說：「娘子終於來了。」說完止不住又吐了血。

李清照別的不說，只問他服了什麼藥，他嘴唇焦乾的說：「我上火，服了散熱的柴胡、黃芩。」

李清照一聽，暗叫不妙，心想：「糟了！這些藥皆性寒，冷熱交逼，身子骨怎麼受得了？」她急忙請來大夫，但是大夫卻說：「太遲了！恕我無能，這病已入膏肓，恐怕救不了了。」

　　送走大夫，還來不及反應，就見趙明誠忽冷忽熱的打擺子*，叫道：「好熱呀！」李清照急忙幫著除去趙明誠身上的衣物，拿著手巾為他拭去如雨下的汗珠。

　　沒多久，趙明誠又打起冷顫，喊：「好冷呀！」李清照又急忙幫他穿上衣物，裹上被子，他還是青著一張臉，顫抖的說：「再加棉被，我冷到骨子裡去了！」

　　如此冷熱交替的病況，讓李清照精疲力竭，而趙明誠更是不堪這般折磨。李清照心痛如絞，「好端端的一個人，分手才不到兩個月，怎麼變成這樣？」淚，沿著臉龐、沿著頸子溼了衣衫。她緊緊的握著趙明誠的手，心如刀割的呼喚著：「夫君！你要振作

　　放大鏡　＊打擺子　湖南方言。指患瘧疾。因感染瘧疾的患者，發作時會抽搐顫動，故稱為「打擺子」。

啊！」

　　趙明誠卻只是迷迷糊糊的昏睡，冷熱交替的打擺子，有時胡亂的囈語：「清照！我的那些書畫呢？我的那些金石呢？」

　　一天，趙明誠突然清醒，瞇著眼睛，一隻手焦急的探尋，李清照急忙伸出手，握著他，說：「我在這兒。」眼眶中忍了又忍的淚，還是潰堤了。

　　「給我紙筆吧！」趙明誠虛弱的說。

　　「嗯，我去拿。」

　　趙明誠要來紙筆，卻無力寫些什麼，沒有留下半句遺言，就這樣亡故了。此時他才四十九歲。

　　　　※　　　　　　　※　　　　　　　※

　　寫到這兒，李靜停下敲鍵盤的雙手，拭去眼角流下的淚。輕嘆一口氣後，將這篇故事傳送給

王萌萌，而副本寄給李明。

　　幾天後，李靜同時收到王萌萌與李明的回信。

寄件者：王萌萌
收件者：李靜
主　旨：Re: 一篇動人的故事

靜靜：

　　收到妳寄來的故事了，真的非常感人。

　　前些時候妳曾告訴我：李清照與趙明誠在北方恩愛生活的情景，可見他們夫妻倆感情有多深。如今趙明誠過世，對李清照來說打擊一定很大。像她這樣一個弱女子，承受得了這些痛苦嗎？趙明誠在死前都還念念不忘他的那些收藏，李清照在亂世中如何保住這些金石文物呢？

　　真期待這故事的續集。

萌萌

寄件者：李明
收件者：李靜姐
主　旨：Re: 一篇動人的故事

　　姐：

　　　　妳寫的故事很好看耶！我一下子就
看完了。後來呢？真想知道。

　　　　　　　　　　　　　　　　　　李明

15

逃亡路上
文物流失

　　有了這兩個讀者的鼓勵，寫李清照的故事給他們看，就變成李靜念書休息時的調劑。大約一個星期左右，李靜就會完成一段有關李清照的故事。

※　　　　　　　※　　　　　　　※

　　建炎三年八月，趙明誠客死異鄉，李清照在建康安葬完丈夫，已是秋高馬肥的時候。金兵果然又發動對南宋的攻勢。時局是越來越緊張了，建康告急，聽說朝廷也安排好皇室成員南遷的路線，此時李清照卻茫然不知所措，天地之大，她該往哪兒去呢？她最關注的並不是她自身的安危，而是丈夫珍愛的金石文物。

　　她想起趙明誠離開池陽時對

她的託囑:「萬不得已，先丟行李，再丟衣被。古物呢，先是丟書冊卷軸、再是古器；至於宗廟器物，一定要與人共存亡，不要忘記了。」她想到丈夫臨去世前還念念不忘這些古物的神情，唉！她該怎麼辦呢？丈夫逝去的傷痛，加上保全古物的莫大壓力，讓她生了一場大病。

然而現實是等不得她痊癒的。李清照強打起精神，思考著該逃到哪裡才好？朝廷如今已遣散了全部后妃，又傳說為了戰事，已封鎖了長江，長江中、下游都不能再行船了。對了，她還有個妹婿李擢在洪州擔任兵部侍郎，她想:「身邊這些金石刻二千卷、書二萬卷，及其他的器皿被褥等，總要有個安置。」便派兩個趙明誠舊日的部屬先押運行李投奔李擢。身邊只留下一些輕小的書畫字帖、古物書籍，讓她在病

中把玩了。

然而，人算不如天算，十一月金兵攻陷洪州，那些運過去的東西全部都化為灰燼。消息傳來，李清照更是悲痛不已。局勢一天比一天緊急，長江既然不能往上行船，她想只有去依靠擔任勒局刪定官的小弟李迒了。當時李迒是跟隨皇上行動的，一路由北而南不斷遷移，李清照只得拖著羸弱的身子，一路苦苦追趕。當她終於與李迒碰上面時，沒說幾句話，身體就搖搖欲墜，昏了過去。

李迒對部下喊道：「快！快去找大夫來！」

大夫把完脈，就說：「令姐氣急攻心，病已到膏肓，我救不了。」把藥箱收一收，就離開了。

另一個大夫來了，也說：「沒救了，你為她準備釘棺材的灰釘吧！」說罷便搖著頭離去。

　　李遠不死心，親奉湯藥，不眠不休的照顧僅剩幾口氣的李清照。病危時，李清照幾乎沒有活下去的意念，口中不斷囈語：「明誠！等等我，我來了！」

　　皇天不負苦心人，李遠的努力終於讓李清照病況好轉。

　　李清照大病初癒，身體還很虛弱，她看著床頭一卷卷書冊，回想起她投奔李遠時，沿路聽到的謠言。

　　傳言說趙明誠生前曾以玉壺獻給金人，以求自保，更有人祕密向朝廷彈劾趙家通敵叛國。這些無中生有的謠言，讓李清照很驚慌，只想趕緊趕到皇帝所在的地方，將身邊的這些金鼎文物獻給皇帝，以澄清謠言。但那些古物最後卻進了某將軍的家裡了。更荒謬的謠言是皇上頒金三百兩收購趙家古器，這些子虛烏有的傳言，不僅讓李清照惶恫不安，

也有損趙明誠的清譽。幸好謠言最後不攻自破，這「玉壺頒金」的事才平息下來。

李清照想到這兒，心又揪成一團，默默流下淚來。唉！身邊的這些珍貴文物是她僅剩的了！

李清照的丫鬟鴛鴦這時走進房裡，看見李清照因傷心而流淚，不禁擔心的安慰著她：「夫人，您要多保重身體，不要再難過了！」

「鴛鴦，我沒事的。放心吧！」李清照擦了擦眼淚，故作堅強的說。

屈指算來主僕分離已多年。當年李清照與趙明誠遷居青州，為了節省開銷，衣食起居一律自己打點，於是遣散了丫鬟、長工，不久後，鴛鴦也嫁人了，後來時局亂，彼此也就斷了音訊。

李清照一路跟著朝廷逃亡的路線往南，從臺州、剡縣、建

德、黃巖，又從海路來到了溫州，再轉到越州。高宗停駐越州時，改年號為紹興，並將越州改名為紹興。李清照聽到這個消息，心中暗喜：紹字有繼承之意，興字必是取其復興之意，表示朝廷仍有意中興大宋。另外，令李清照高興的事是無意間巧遇當年忠僕。

一天在紹興的街上，李清照突然聽到一個人叫著：「夫人！夫人！」這聲音好熟悉，她回頭尋找，居然是失散多年的丫鬟鴛鴦，拉著鴛鴦走到一處僻靜的巷口，兩人握著手，久久分不開。

還記得鴛鴦問她的第一句話是：「姑爺呢？」鴛鴦還記得兩人伉儷情深。李清照滿腹的委屈，卻無言以對，只能搖搖頭，紅了眼眶。

鴛鴦看著削瘦的李清照，心疼的說：「這戰亂流亡的日子，您

怎麼過啊？」

　　李清照又要落淚了，轉念一想：多少人家破人亡，她們倆能逃過那麼多劫難，也屬幸運。接著說：「妳願意跟著我走嗎？我倆也好結個伴。」

　　鴛鴦側身行個禮，說：「我願再照顧夫人。」

　　李清照再次緊握她的手說：「我的好姐妹！」

　　現在，躲過死神的召喚，李清照更加珍惜身邊所有的人事物，珍惜得來不易的一切。她牽起鴛鴦的手，說：「真是我的好姐妹！這一路多虧有妳！」

16 流落鍾家
古物被盜

　　安定的生活又能過多久呢？建炎四年十二月，朝廷已下詔放散百官，李迒也在其中。金兵的鐵騎聲又嗒嗒響起，催促著大家逃難的腳步。李清照帶著殘存的書畫、碑帖和趙明誠的手稿，繼續過著流亡的生活。還好，忠心耿耿的鴛鴦一直和她同甘共苦。紹興元年（1131年）三月，身心俱疲的李清照，流落到會稽，總算在一個鍾姓人家暫時住下來。

　　帶在身邊僅餘的寶貝，她看得緊緊的，慎重的藏在臥榻，親手開闔，她對鴛鴦說：「古物我保管，它們是我的命根子。」她緊守著古物，這六、七個竹箱，她再不輕易離身！

　　哪知道一個晚上，李清照房間的牆壁硬是被小偷挖了個洞，

取去僅有的五箱古物。她看著那個挖穿的洞，真像挖穿她的心。怎麼想得到，在這樣縝密的寶藏下，還有流失的可能？她悲痛的告到衙門，又交代鴛鴦：「小偷也是走投無路的人，妳暗地裡到附近去打聽打聽，並幫我傳出風聲，替我找到失物的人，我會重重獎賞。」

重賞之下必有勇夫。第二天，鄰居鍾復浩腋下夾著許多書畫，快快的走過來。鴛鴦領著他來說話。

鍾復浩遞出手中的十八卷書畫，說：「這是我幫妳找到的失物，妳點點看！」

李清照又驚又喜。鴛鴦又忙問：「你是在哪裡找到的？別的東西你有沒有看到？」

鍾復浩慢吞吞的說：「我也不知別的東西在哪裡。」

李清照問：「那這些字畫，你

哪裡來的呢?」怎知鍾復浩也說不出個所以然來,鴛鴦幫著求他,但都沒有用。

他還是那句話:「其他的真的找不回來了,妳把賞金給我罷!」

鴛鴦很生氣,罵他:「你一定知道別的東西在哪裡,你就是貪賞金!」

清照擺擺手說:「算了!他也是個走投無路的人。」

這時李清照的古物已丟失了十之七八,這一年她已四十八歲了。

17

可憐女
打官司

李清照剛剛擺脫了一群小人，怎知又落入另一個小人的陷阱。

紹興二年春天，朝廷被金兵逼迫到臨安，李清照也跟著逃亡到臨安。趙明誠過世三年，她流亡失所，飽嘗了人間苦難。到了夏天，在大小病不斷的情況下，李清照再嫁了。

然而，她卻遇人不淑，原本想要安定下來，有個依靠，但是這段婚姻反而成了一場災難。

當時鴛鴦極力撮合這件事。她說：「夫人，姑爺過世後，妳一個人孤苦伶仃，又一直在傷痛中，作詩填詞，鬱鬱不樂，很傷身體的呀！再說，聽李迒大人說，張汝舟大人官階、年歲與姑爺相仿，而且出身不錯。若委身

於他，妳也有個依靠！」

鴛鴦的「似錦之言」、媒人的「如簧之說」，讓病中的李清照點頭答應了。

婚後不久，張汝舟就露出馬腳。他不但舉止輕佻，言語鄙俗不堪，讓李清照覺得無法與之相處。兩個月後，他更明目張膽的想奪取李清照手中的古物，達不到目的便是一頓拳打腳踢。

李清照腫著一張臉，抱著鴛鴦痛哭：「很明顯，他迎娶我是為了那些書畫。我不過想要一個安定的生活，沒想到所託非人啊！」

鴛鴦看李清照臉上、手上的傷痕，一邊幫她擦藥一邊流淚，後悔自己當初從中撮合，「夫人不應受到這種苦啊！」鴛鴦淚如泉湧，實在料想不到會這樣。

「實在很難和他安度晚年！」李清照嗚咽著。

「這事必須告訴李迒大人，

共商對策。」鴛鴦氣憤的說。

李迒得知實情之後，知道因為自己的疏忽，害苦了姐姐，內心很自責。但是李清照卻不怪他，而且積極的打聽到張汝舟的不法行徑，因此決定告發他，同時也寫信向趙明誠的表兄弟綦崇禮求援。

李迒很贊成這個主意，而且綦大人尚居高位，相信對這個訴訟會很有幫助。

但鴛鴦卻阻止說：「依照我們大宋律法：妻子告丈夫，即使屬實，妻子也得判刑兩年。夫人如果告發他，恐怕也要坐監兩年呢！」

李清照說：「明知有兩年的牢獄之災，還是要告發他。」

最後，張汝舟犯行確定，被判流放外地，而李清照也因此坐牢。後來，因綦崇禮的幫助，才使李清照只被囚禁九天就出獄

了。與張汝舟的這段婚姻只維持了一百天左右。

※　　　　　　※　　　　　　※

李明每個星期都興致勃勃的等待堂姐李靜的電子郵件，每次只要一收到，就迫不及待的點閱，三個星期以來已經閱讀了許多有關李清照的故事。看完了這些故事後，李明實在忍不住心中的困惑，一見到李靜上 MSN，馬上 Call 她。

李明說：
　我不相信李清照再嫁！我不接受。
畫眉深淺入時無？說：
　有一些專家考證，或許她曾經再嫁。
李明說：
　她在我們心中是那麼的完美，怎麼會改嫁？
畫眉深淺入時無？說：
　趙明誠過世後，她過著顛沛流離的生活呀！
李明說：

她和趙明誠的感情那麼好，怎麼會改嫁呢？

畫眉深淺入時無？說：

在古代社會，一個弱女子沒有經濟能力，為求生存、有所依靠，再嫁也是很普通的事情。

李明說：

她可以做私塾老師養活自己啊！

畫眉深淺入時無？說：

一來因為戰亂，沒有人請得起私塾老師，二來古代保守，沒有女教師啊！讀書人只有做官一途。

李明說：

她那麼會寫文章、會作詩詞，可以出書賺錢啊！或者也可出去做事啊！

畫眉深淺入時無？說：

除了幫忙家務，古代女子沒有維生之道，在平常要營生已經很困難了，何況是在戰亂的時候。所以，李清照再嫁，我覺得情有可原。

李明說：

唉！聽起來再嫁好像真的是唯一的辦法了，只可惜她嫁錯人了！

畫眉深淺入時無？說：

沒辦法啊！在古代僅憑媒妁之言，本來就很冒險，而且婚姻多少也有賭博的成分。

李明說：

　　那妳還要談戀愛？

畫眉深淺入時無？說：

　　你在胡說什麼？不跟你聊了，我要念
　　書了啦！

李明說：

　　好啦！不跟妳鬧了，我也得趕快寫作
　　業了！

18 向嚴子陵先生致敬

　　李明這三個星期為了趕暑假作業，一直沒到堂姐家玩，也沒機會將李清照的傳記拿回來讀，MSN下線之後，決定上網搜尋有關李清照的相關網頁。

　　他在搜尋的關鍵字欄裡鍵入：李清照，「哇！有這麼多有關她的網頁。嗯，這條『向嚴子陵先生致敬』，好像很有趣耶！」李明擊點這個網頁，進入閱讀。

※　　　　　　　　※　　　　　　　　※

　　李清照好不容易在臨安稍微安定了下來，到了紹興四年十月，金國又大肆舉兵向南侵略。

　　鴛鴦從外頭回來，對李清照說：「街頭巷尾都傳言淮河會有戰事，住在臨安的人很危險，整個城亂糟糟的。」

李清照嘆一口氣說:「唉!連年的戰事,讓百姓從東逃到西,從北走到南;住在山裡的人往城市逃,住在城市的人又往山裡走,不知道這回又是哪兒會再起烽煙,不知道要躲到哪裡才好?」

「夫人,我們要不要逃?」

「金兵來了,怎能不逃?」

主僕兩人再次收拾家當,她們離開臨安,隨著慌亂的人潮,沒有目的地的逃。一路上,李清照看到善良的百姓悲苦流離,而各地兵馬踐踏、哀鴻遍野,使她非常痛苦。她把沿途所見所聞,幻化成感人的詩文。

在漫長的逃難歲月中,途經富春江的「嚴陵瀨」。李清照有感嚴子陵先生的高風亮節,想到「嚴子陵釣臺」向他致意。

江濱見一老翁,李清照向前有禮的問:「請問『嚴子陵釣臺』該往哪兒去呢?」

老翁指著不遠處，說：「喏！前面突起高高的平臺就是嚴子陵釣臺。」

老翁又熱心的指著遠處的山，告訴她們說：「除了『嚴陵瀨』、『嚴子陵釣臺』，我們這兒還有一個名勝叫『嚴陵山』，原本叫富春山，因為那是嚴子陵隱姓埋名耕種的地方，所以後來就改名為嚴陵山了。山下還有一幢石頭屋，是當年他住的地方。」

「你們這裡風景秀麗，實在是一個隱居的好地方。」李清照環視這山山水水說。

鴛鴦不解，悄悄的問李清照：「嚴子陵是什麼人？他為什麼要在山間隱姓埋名？」

李清照回答：「嚴光是東漢時代的人，『子陵』是他的字。他在少年時和劉秀一同遊學，後來劉秀當上皇帝，是為東漢光武帝。光武帝知道這位同學是有才

能的人，要召他出仕，嚴子陵不戀權位，故意隱姓埋名，隱居在富春山一帶，不肯見光武帝。在眾人爭名爭利的潮流中，嚴子陵先生卻高風亮節，不在乎名利，這種人真是少之又少啊！」

李清照有感而發，作了一首〈夜發嚴灘〉：

巨艦只緣因利往，
扁舟亦是為名來。
往來有愧先生德，
特地通宵過釣臺。＊

離開了釣臺，李清照好不容易來到了金華。所幸，有一位陳姓人家心腸好，房子又大，看她氣質不俗，願意收留她。李清照

放大鏡
＊這首詩的意思是說：大大小小、來來往往的船隻，都是載著求名求利的人。我感愧您的德行，特地到這裡向子陵先生致敬。

便在這兒暫時落腳。

※　　　　　　　※　　　　　　　※

　　李明看完之後，覺得真是個
不錯的頁面，因此將這個網頁頁
面轉寄給李靜。李靜收到之後，
覺得內容很不錯，又轉寄給王萌
萌，和他分享。另外，也寫了一
封信給李明，希望他休閒時可以
利用網路，吸取新知。

19 整理《金石錄》

　　李明收到堂姐的鼓勵信，對研究李清照更是興致勃勃了。本來暑假的課外閱讀心得李明想寫的是愛因斯坦的故事，但是現在他對李清照的了解，比對愛因斯坦還多，李明猶豫著:「是不是改寫李清照傳記的讀後心得比較好？可是李清照是女生耶，寫她的讀後心得，會不會被同學笑？」轉念一想:「管它的，就寫李清照吧！」

　　因此，李明迫不及待的跑到堂姐家，把李清照的傳記拿回家，接下來的幾天，李明便埋首於李清照的故事裡。

※　　　　　　　※　　　　　　　※

　　結束了與張汝舟不堪的婚姻後，如今李清照避居金華，更加

想念趙明誠。攬卷重讀趙明誠所撰的《金石錄》，讓她非常懷念在青州那段美好的歲月。

她感慨的對鴛鴦說：「每次我們一得到書，便共同校勘文字，整補書頁，題封面、加書籤；得到青銅古器，就摩挲個不停；得到書畫就開開捲捲，看了又看，指點出其中的瑕疵。每晚都以燃盡一根蠟燭的時間為原則，因此收藏的書畫都裝潢完整、外觀精美，文字筆畫無任何缺筆，勝過所有的收藏家。到後來，我們收藏的書堆得到處都是，置身在這種環境中，眼中看到的都是書，自然心裡想的也都是書，這種滿足與快樂，遠勝過追求感官之樂。唉！可惜那些名畫古書都已丟失。我和明誠收集得很辛苦，失去卻如此的輕易。鴛鴦，幫我準備紙墨，我想為明誠的《金石錄》寫一篇後序。」

　　李清照一筆一筆記下這些飄零聚散的日子，記下趙明誠完成《金石錄》的一點一滴。

　　李清照用娟秀的小楷，恭敬的寫下：《金石錄》三十卷，趙明誠著，上自三代，下迄隋唐五代，舉凡鐘鼎彝器的款識，以及刻在石碑上名人隱士的事蹟，這些見於金石鏤刻的文字共二千卷，都加以校正謬誤，進行淘汰挑選及品評優劣。上足以符合聖人的標準，下能夠訂正史官的失誤，這些都記載在《金石錄》裡，可以說是內容非常豐富了。

……

　　完成這篇〈金石錄後序〉後，李清照對鴛鴦說：「請妳把酒、菜準備好，並將文房四寶備齊，擺到院子裡的菊花旁，我要上香祝禱，以慰明誠。」

　　「是。」

　　李清照披了件外衣走到園

裡，前塵往事，驀的浮上心頭。她端起酒杯，把三杯酒傾灑在地上，上香祝禱道:「明誠！我倆慘澹經營二十多年的金石書畫，一毀於戰火，再毀於盜寇，三毀於人禍，如今所剩無幾了。今日我略記這其中的始末，期待後世喜好古物的人能引以為戒，也告慰你在天之靈。」

20 船載不動愁

寄居金華陳家也一段時間了，生活雖然算得上安適，但李清照的心緒總無法舒展。這天鴛鴦踏著輕快的腳步，敲著李清照的房門，說：「夫人！要不要去雙溪划船？」

李清照打開門，讓鴛鴦進房。鴛鴦看她一臉倦容，就說：「唉呀！我的夫人，日頭高升，都快中午了，妳怎麼連頭都不梳？」

「我懶得出去，也懶得梳頭。」李清照轉身在妝臺前坐下，意興闌珊的回答。

鴛鴦看她眼睛浮腫，就知道昨晚她一定又流淚了。鴛鴦推開窗，說：「夫人，妳看天氣這麼好，幹嘛悶在屋裡？我們到雙溪泛舟吧！」

　　李清照看著窗外，是晚春了，風停、花謝，塵土裡還有落花的餘香。唉，景物依舊，但是人事已非啊！

　　看李清照愁眉不展，鴛鴦一邊幫她梳著頭，一邊說著：「夫人，妳聞！空氣裡還飄著花香呢！」

　　「嗯，真好！」李清照深吸一口氣。

　　「就是嘛！人家都說現在雖是春末，雙溪的春景還很美。走吧！我們一起去泛舟。」看李清照還在猶豫，鴛鴦又勸說：「趁春光正好，妳來浙江好久了，也沒去泛過舟，去吧！」

　　李清照心想：「也好！」但又停了一會兒，說：「我不去了。我擔心雙溪的小船，載不動我心中沉重的悲愁啊！」

　　「走走吧！別悶在家裡。」

　　李清照仍然搖搖頭，說：「過

些時候再說吧！」

望著鴛鴦遠去了，四周沒有了人聲，整個屋子空空蕩蕩的，就像她的心一樣。她兀自喃喃：「鴛鴦啊！我多羨慕妳。妳如何能了解山河破碎的心情、國勢日危的憤慨？」又說：「明誠，看到這麼多人流亡失所，沉痛悲苦，真是萬事皆休啊！」

她提起筆來，寫下了〈武陵春〉這首詞：

風住塵香花已盡，日晚倦梳頭。
物是人非事事休，欲語淚先流。

聞說雙溪春尚好，也擬泛輕舟。
只恐雙溪舴艋舟，載不動許多愁。

21 陳家靜養 作《打馬圖經》

　　時間是最好的治療師，李清照逐漸安定下來，和陳家人也相處融洽。她和鴛鴦常把逃難的經歷講給陳家老小聽，大家聽了都慨嘆戰爭的殘酷，對她倆更是同情。

　　每到晚上，陳家小孫子就會拉著鴛鴦說：「鴛鴦姨婆！您再說說，壞人怎麼騙您的？」有時又纏著李清照，說：「李婆婆！我要聽歷史故事。敵人來了，劉琨怎麼守城？昨晚項羽過烏江的故事，結局怎麼了？」

　　李清照便會很有耐心的細說從頭。或許是她能把歷史故事說得生動有趣，後來她發現，在她講故事的時候，除了陳家小孫子之外，其他的人也會慢慢圍攏過來，她們拿著針線盒、繡花緞

子，一面繡花作活兒，一面安靜的聽著。

多年來，逃難的生活，總是動盪不安，而今卻能坐在這兒，跟大家說說故事，看到她們純樸善良的臉龐，心中竟有一種從來沒有過的平靜，李清照的心溫暖了起來。

在陳家靜養的這段時間，李清照重拾起小時候對「打馬」＊的樂趣。

她教會眾人打馬的規則，一到晚上，他們就著燭光下棋，共度漫漫長夜。

李清照有時僅是靜靜的站在一旁，觀看打馬雙方著棋廝殺的情況；偶爾她也會加入戰局，且總是每戰必贏。眾人都很佩服，屢屢向她請教。她說：「下棋就像讀書一樣，要『專』；『專』就能『精』，精就能抓住其中的奧妙。棋局也像戰局，如何開拓出

一片天地呢？布局時要能沉住氣，有時要銜枚＊緩進，步步為營，不急躁，才能走出困局；有時要奮勇向前，衝鋒陷陣；有時則要靈活機警，出奇制勝。進退勝負，都要通盤考慮，千萬不要被眼前的小利所吸引。勝負僅在些微的差距之間啊！」

　　陳家夫人聽了笑著說：「想不到清照這樣一個女子，對戰術也有如此深入的見解。真是不容易啊！」

　　等不及李清照的回答，鴛鴦搶著說：「對啊！就是因為這樣，我們家夫人才會每戰必勝。就連我們家姑爺都比不上她呢！」她又興致勃勃的說：「他們夫妻平常相

　　＊打馬　指的是一種棋藝遊戲，因為人們把棋子稱作「馬」，所以稱為「打馬」。

＊銜枚　古代行軍時，會命令軍士口中含著「枚」，以防喧譁。枚與筷子形狀相似。

敬如賓，但是下起棋來卻互不相讓。通常在開局前，都會備一壺上等好茶，勝的人才能品嚐。有一次，姑爺自以為勝券在握，笑著伸手要去端茶。夫人按下姑爺的手，說聲：『且慢！』伸出纖纖玉指輕輕下了一棋，馬上逆轉局勢，勝了這局棋。夫人高興得拍著雙手說：『我贏了！』說完，便端起桌上的茶杯，一飲而盡。」鴛鴦說得生動，大夥聽完不禁大笑起來。

後來，李清照把打馬的遊戲規則、戰略戰術寫成了《打馬圖經》，還寫了一篇序文和一篇〈打馬賦〉。

※　　　　　※　　　　　※

看了幾天的李清照傳記，李明有點不明白，像下棋這種雕蟲小技，也值得李清照這樣大寫特寫。這天吃過晚飯，李明決定去

請教李靜。

「姐，李清照為什麼要寫打馬的文章啊？下棋，有什麼好寫的？」李明劈頭就問。

「我也不是很清楚耶！我查查資料再告訴你。」李靜回答。

李靜翻閱著從圖書館借回來的資料，認真的研究了一會兒，對李明說：「有書上說，李清照寫《打馬圖經》絕不是只為了單純的消遣而已，而是藉這個遊戲婉轉的表達禦敵復國的願望。嗯，說得很有道理耶！這書上說，李清照在〈打馬賦〉裡用各種用兵的策略，來比喻下棋的布局，又把這個遊戲跟道德、誠義、克敵等等聯繫起來，根本就是要抒發她的愛國情志。」

「這樣聽起來，她處處都在關心國事嘛。我想，她一定恨自己不是男生吧？如果是，她就可以上戰場，為國家效力了！」李明

感慨的說。

「或許吧！提到愛國，我突然想到她的一首詞〈永遇樂〉，也可以說明她一直是憂國憂民的。」

「姐，快告訴我有關這首詞的故事吧！」

22 不一樣的元宵節

　　在金華陳家，李清照雖然非常愉快，但畢竟是暫住。紹興五年，李清照決定回到臨安。

　　大家都捨不得她離開，陳家小孫子更嗚咽的哭了起來，他揉著眼睛說：「我不要李婆婆回去！我不要鴛鴦姨婆回去。」

　　李清照蹲下來跟他解釋：「在你家已待了將近一年的時間，實在太打攪了！」李清照擦去他臉上的淚水，對他微微一笑，起身向陳家老小及前來送別的鄰居說：「謝謝大家多日來的照顧，請大家多保重！」

　　李清照與鴛鴦好不容易返回臨安，便在臨安定居下來。

　　紹興八年，高宗下詔正式定都臨安，南宋偏安江南。同一年，秦檜為相，主張與金國議

和，又代表宋高宗跪接金國詔書，這無疑是向金國稱臣，讓宋朝受盡屈辱。紹興十一年，宋金雙方正式簽訂「紹興和議」，約定以淮水為界，割唐、鄧二州給金國，並且每年要奉銀二十五萬兩、絹二十五萬匹。

消息傳來，不禁讓大夥搖頭嘆息，李清照心中更加鬱悶惆悵了。想想從「靖康恥」到現在，已經十五年了，政局始終動盪不安。經過多年的戰事，朝廷想喘息，老百姓也想安定。但議和能夠換來多久的和平？

以前徽宗也是割地賠款，稱金國國君為伯父，原以為可以求得一時的和平，沒想到第二年金兵便南侵，擄走徽、欽二帝。

而當初高宗在南京即位時，不也信誓旦旦的要復興大宋王朝，以李綱為相，命宗澤留守汴京，阻斷金人南下，又有岳飛、

韓世忠等名將屢戰屢勝，加上北方義軍的擁戴，一時氣勢頗盛。無奈，復國的大願猶言在耳，高宗卻忘了，只想做個太平皇帝，只想保住自己的位子，又任命奸人秦檜為相，害死一派忠良。在秦檜的主導下，和議即使是要宋向金稱臣，最後還是達成了。只是，議和能換來多久的和平？

鴛鴦一進房門，就見到李清照愁眉苦臉的樣子，為了讓李清照高興些，鴛鴦堆滿笑臉說：「夫人，聽說今年朝廷在臨安城慶祝元宵的活動很盛大耶。社會現在安定了，是該熱鬧熱鬧了！」

鴛鴦本以為可激起李清照愉快的心情，李清照卻不以為然的說：「依我看，朝廷是想以慶祝元宵來粉飾太平。」

「夫人啊！妳太過擔心憂慮了，要輕鬆、快樂一點嘛！」鴛鴦見李清照沒有反應，接著又興致

勃勃的說：「夫人，我們一起去看花燈吧！一定很漂亮！」

李清照卻意興闌珊的回答：「我不去。逢此元宵佳節，天氣融和，但是怎麼知道不會有風雨驟降呢！謝謝妳的邀請，我實在不想去。」她嘆了一口氣，像是說給鴛鴦聽又像喃喃自語般說道：「想從前在汴京的那些日子，每年的元宵節最令人難忘了。富貴人家的夫人、小姐們總是打扮的整齊漂亮，一個比一個美。」

鴛鴦不死心的說：「對啊！夫人，妳也可以打扮打扮，去看個熱鬧，輕鬆一下吧！」

李清照搖搖頭說：「我現在是又老又憔悴，頭髮都白了，晚上出去怕路上的人看了笑話。我還是坐在窗邊、竹簾下，聽人家談笑吧。」*

※　　　　　　　※　　　　　　　※

　　李明聽完，也覺得鴛鴦說得頗有道理，李清照實在應該放鬆一下心情，不要太杞人憂天。於是對李靜說：「李清照也太多愁善感了吧！」

　　李靜說：「可是你回想一下，她的後半輩子幾乎都在逃難，而宋高宗又這麼懦弱無能，她怎能不擔心和議之後的政局呢？所以說，就算是天氣很好，也要未雨綢繆啊！」

　　「喔！就是還沒下雨就要開始籌劃謀略了。」李明自作聰明的對「未雨綢繆」這個成語下了注解。

　　李靜笑他說：「教你多讀點

放大鏡

＊這就是〈永遇樂〉中所描述的內容，原文是：落日鎔金，暮雲合璧，人在何處。染柳煙濃，吹梅笛怨，春意知幾許。元宵佳節，融和天氣，次第豈無風雨。來相召、香車寶馬，謝他酒朋詩侶。　中州盛日，閨門多暇，記得偏重三五。鋪翠冠兒，撚金雪柳，簇帶爭濟楚。如今憔悴，風鬟霧鬢，怕見夜間出去。不如向、簾兒底下，聽人笑語。

書！未雨綢繆原本的意思是還沒下雨之前，鷗鶇鳥就會開始修補鳥巢。引申為事先做好防備的工作。懂了沒？小弟！」

「懂了，懂了！」李明故意轉移話題，說:「姐，後來呢？李清照後來又發生了哪些事呢？」

「你不是有書嗎？自己看啊！」

「哎呀！姐，妳說故事最好聽了，說給我聽嘛！這樣我就不用看那麼多字囉！」

「就知道你偷懶。好啦！」

23 白髮蒼蒼老婦人消失

李清照晚年幾乎過著隱居的生活，極少人知道她的消息，只知道在她六十七歲時，曾去拜訪畫家米友仁。李清照攜帶米友仁已過世父親的二幅墨跡前去求題字，他父親就是有名的書法家米芾。

米友仁非常高興，連忙沏茶讓座，他說：「家父早早過世，這兩幅字已四十年不見了。」米友仁仔細看著這兩幅字，感動得流下淚，感慨的說：「這真的是家父的真跡。這是他平常乘興寫的字，難為老夫人保存這麼久，這些字可勝過黃金千兩啊！」

米友仁一邊提筆為這兩幅字題跋，一邊掉眼淚，對年高德劭的李清照收集古字畫的精神，感佩得五體投地。

　　另外一件有跡可循的事是：李清照晚年時，看到孫府的女兒聰明可愛，想教她寫文章，但是孫府人拱手稱謝說：「謝了！學文作詞，不是女兒家的事。」

　　後來，這位白髮蒼蒼的老婦人就消失了，再沒有人看見她的蹤跡。至於李清照何時過世？近千年來，研究她的人查遍了史書都沒有記載，只推算出她非常長壽，至少活了七十三歲。

　　※　　　　　　※　　　　　　※

　　「沒想到一代詞人的晚年竟然這麼 —— 悲慘！」李明聽完感慨的說。

　　「我倒不認為她的晚年生活很『悲慘』。」李靜反駁，「或許這是一種絢爛歸於平淡的安適呢！」

　　看到李明一臉疑惑的表情，李靜說：「唉呀！你不懂啦！」

李明嘟著嘴說:「不懂，我不懂！反正我知道李清照的故事就好了，我要回家寫心得報告了！Bye Bye!」

李明離開之後，留下一屋子的寧靜，李靜一個人細細回想李清照的一生。她坐在書桌前，提起筆，在筆記本上為這個暑假留下紀錄。

忽然，李靜感覺有個人影晃過，她擡頭看見一位灰衣婦人正追著前面的人，她一時好奇，起身跟了過去。

李靜看灰衣婦人追得好辛苦，一口氣都快喘不過來了！一邊追嘴巴還一邊囁動著，不知在說些什麼。

遠處傳來一聲雁啼，李靜和灰衣婦人同時擡頭尋找雁群的蹤影，再低下頭時，灰衣婦人所追的人已消失無蹤了。灰衣婦人沮喪的停在原地，臉上流下兩道清

淚。這時，李靜終於聽清楚灰衣婦人口中喊著：「明誠……明誠……」

李靜突然感到一陣涼風襲來，她被冷醒了。原來自己在作夢啊！她環顧四周，靜悄悄的，外頭居然下起小雨來了。李靜繼續作著筆記，心中想著：李清照一生究竟歷經了多少憂傷？她的生命又是怎樣的憔悴，才寫出這般愁苦的詞來啊？

　　　　※　　　　　　※　　　　　　※

在古老的傳說裡，太陽花只是一棵小草，依照天神最初的旨意，它是不能開花的。但這小草違背了天意，硬是開了花。

「豈有此理！豈有此理！」天神發怒了，罰它終日曝晒在太陽下。

沒想到它耐得住灼熱，太陽愈大，它開得愈豔麗。

　　李清照是花，李清照更是太陽花。她背著天譴，在夾縫中求生存，如同堅韌的太陽花。

　　她煎熬、她痛苦、她浴火奮生，終於走出天譴，活出自己。

　　因為有生命力，才吐出這麼傑出的作品。

　　李清照是花，她是美麗的太陽花。

李清照

小檔案

1084 年	出生於山東濟南。
1091 年	離開家鄉，隨父親住在京師汴京。
1101 年	與趙明誠成婚。
1102 年	元祐黨爭，上詩趙挺之救父。
1105 年	再次上詩趙挺之救父。
1108 年	與趙明誠回青州老家生活。
1114 年	完成《詞論》一書，提出詞應該「別是一家」。
1121 年	至萊州，與在當地任官的趙明誠相聚。
1124 年	同趙明誠至淄州。
1125 年	金兵南下攻宋。

1126 年　　趙明誠轉任淄州。金兵逼近汴京。

1127 年　　押運十五車文物南下江寧與趙明誠相聚 ， 在鎮江遇搶

　　　　　　盜。北宋滅亡，南宋開始。

1129 年　　趙明誠病故。

1131 年　　流落會稽。

1132 年　　再嫁張汝舟，這段婚姻只維持一百天左右。

1134 年　　完成〈金石錄後序〉。到金華避難，寄居在陳氏家，作

　　　　　　《打馬圖經》、〈打馬賦〉。

1136 年　　從金華回到臨安。

1150 年　　拜訪著名畫家米友仁。其後不知所終。

獻給孩子們的禮物

「世紀人物100」

訴說一百位中外人物的故事

是三民書局獻給孩子們最好的禮物！

◆ 不刻意美化、神化傳主，使「世紀人物」
　更易於親近。

◆ 嚴謹考證史實，傳遞最正確的資訊。

◆ 文字親切活潑，貼近孩子們的語言。

◆ 突破傳統的創作角度切入，讓孩子們認識
　不一樣的「世紀人物」。

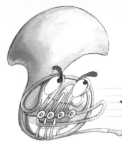

音樂家系列

沒有音樂的世界，我們失去的是夢想和希望……

每一個跳動音符的背後，到底隱藏了什麼樣的淚水和歡笑？
且看十位音樂大師，如何譜出心裡的風景……

由知名作家簡宛女士主編，邀集海內外傑出作家
與音樂工作者共同執筆。平易流暢的文字，活潑
生動的插畫，帶領小讀者們與音樂大師一同悲
喜，靜靜聆聽……

兒童文學叢書

童話小天地

童話的迷人，
正是在那可以幻想也可以真實的無限空間，
從閱讀中也為心靈加上了翅膀，可以海闊天空遨遊。
這一套童話的作者不僅對兒童文學學有專精，
更關心下一代的教育，
出版與寫作的共同理想都是為了孩子，
希望能讓孩子們在愉快中學習，
在自由自在中發展出內在的潛力。

—— 簡宛（名作家暨「兒童文學叢書」主編）

丁疙郎　奇奇的磁鐵鞋　九重葛笑了　智慧市的糊塗市民
屋頂上的祕密　石頭不見了　奇妙的紫貝殼　銀毛與斑斑
小黑兔　大野狼阿公　大海的呼喚　土撥鼠的春天
「灰姑娘」鞋店　無賴變王子　愛咪與愛米麗　細胞歷險記

我的蟲蟲寶貝

一套充滿哲思、友情與想像的故事書
展現希望、驚奇與樂趣的
『我的蟲蟲寶貝』！

想知道

迷糊可愛的毛毛蟲小靜，為什麼迫不及待的想「長大」？

沉著冷靜的螳螂小刀，如何解救大家脫離「怪傢伙」的魔爪？

膽小害羞的竹節蟲阿比，意外在陌生城市踏出「蛻變」的第一步？

老是自怨自艾的糞金龜牛弟，竟搖身一變成為意氣風發的「聖甲蟲」？

熱情莽撞的蒼蠅依依，怎麼領略簡單寧靜的「慢活」哲學呢？

國家圖書館出版品預行編目資料

婉約詞人：李清照 / 夏婉雲著;夏達,小閃繪.－－初版
二刷.－－臺北市：三民，2010
　　面；　　公分.－－(兒童文學叢書／世紀人物100)

ISBN 978-957-14-4845-9　(平裝)

1.(宋)李清照 2.傳記 3.通俗作品

782.8521　　　　　　　　　　　　　96014306

©　婉約詞人：李清照

著 作 人	夏婉雲
主　　編	簡宛
繪　　者	夏達　小閃
發 行 人	劉振強
著作財產權人	三民書局股份有限公司
發 行 所	三民書局股份有限公司
	地址　臺北市復興北路386號
	電話　(02)25006600
	郵撥帳號　0009998-5
門 市 部	(復北店)臺北市復興北路386號
	(重南店)臺北市重慶南路一段61號
出版日期	初版一刷　2007年11月
	初版二刷　2010年2月
編　　號	S 781460

行政院新聞局登記證局版臺業字第○二○○號

有著作權·不准侵害

ISBN　978-957-14-4845-9　(平裝)

http://www.sanmin.com.tw　三民網路書店